领 导 力 的 五 个 致 命 危 险

领导力童话

[荷] 曼弗雷德·凯茨·德·弗里斯 著
（Manfred F. R. Kets de Vries）
滕加琪 译

TELLING FAIRY TALES
IN THE BOARDROOM:
HOW TO MAKE SURE
YOUR ORGANIZATION LIVES
HAPPILY EVER AFTER

人民东方出版传媒
People's Oriental Publishing & Media
东方出版社
The Oriental Press

图字：01-2018-8379 号

First published in English under the title
Telling Fairy Tales in the Boardroom：How to Make Sure Your Organization Lives Happily
Ever After
by Manfred F.R. Kets de Vries
Copyright © Manfred F.R. Kets de Vries 2016
This edition has been translated and published under licence from
Springer Nature Limited.

中文简体字版专有权属东方出版社

图书在版编目（CIP）数据

领导力童话：领导力的五个致命危险 ／（荷）曼弗雷德·凯茨·德·弗里斯 著；滕
加琪 译. —北京：东方出版社，2019.6
（曼弗雷德管理文库）
书名原文：Telling Fairy Tales in the Boardroom：How to Make Sure Your Organization
Lives Happily Ever After
ISBN 978-7-5207-0771-8

Ⅰ.①领… Ⅱ.①曼… ②滕… Ⅲ.①企业领导学 Ⅳ.①F272.91

中国版本图书馆 CIP 数据核字（2019）第 022563 号

领导力童话：领导力的五个致命危险
（LINGDAOLI TONGHUA：LINGDAOLI DE WUGE ZHIMING WEIXIAN）
- -
作　　者：［荷］曼弗雷德·凯茨·德·弗里斯
译　　者：滕加琪
责任编辑：刘晋苏
出　　版：东方出版社
发　　行：人民东方出版传媒有限公司
地　　址：北京市朝阳区西坝河北里 51 号
邮　　编：100028
印　　刷：北京联兴盛业印刷股份有限公司
版　　次：2019 年 7 月第 1 版
印　　次：2019 年 7 月第 1 次印刷
印　　数：1—6000 册
开　　本：880 毫米×1230 毫米　1/32
印　　张：6.5
字　　数：168 千字
书　　号：ISBN 978-7-5207-0771-8
定　　价：58.00 元
发行电话：(010) 85924663　85924644　85924641
- -
版权所有，违者必究
如有印装质量问题，我社负责调换，请拨打电话：(010) 85924602　85924603

献给伊丽莎白，

她知道如何帮助孩子和成人理解

"从此过着幸福的生活"的真正含义。

目 录
CONTENTS

推荐序　老板桌后

文/肖知兴

2007年的现象级电影《穿普拉达的女魔头》中，著名女演员梅里尔·斯特里普塑造了一个典型的精神病态的（psychopathic）女老板：自信自恋，气场强大；沉着冷静，无所畏惧，享受冲突；为达目的不惜一切手段，善于操纵和利用别人，对于自己的非道德行为没有任何歉疚心理。这个女老板的表现，几乎完全符合牛津大学心理学家凯文·达顿在《异类的天赋》一书中对这种类型的人格障碍（personality disorder）的描述。与一般的精神病态相比，这个女老板因为身在时尚行业，还要加上强迫症和控制狂的一些典型症状。一个职场小白，如何在这样变态的一个女魔头的淫威之下讨生存，人们不由得对安妮·海瑟薇扮演的小实习生捏一把冷汗。

《穿普拉达的女魔头》的最后，小实习生毅然决然地放弃了女老板认为"一人之下，万人之上"的职位。在公司门口，女老板与小实习生有一次意味深长的对望。那一瞬间，女老板在想什么？也许她在想"总有一天，你会像我一样"？8年之后，扮演小实习生的安妮·海瑟薇自己也成了大明星，主演了一部《实习生》，果真变成了一个类似的女老板，成天颐指气使，吹毛求疵，看见别人眼中的刺，看不见自己眼中的梁。还好，在罗伯特·德尼罗扮演的"老实习生"的帮助下，这一次，女老板找回了自己，实现了内心的平和与家庭的平衡。

西方文化整体而言崇尚个性、尊重差异，加上大家平均的职业化程度较高，一般人都懂得"don't take it personally"（不是针对你个人，不要太在意）的道理，所以对职场上的精神病态的行为接受度较高。很多明星级的老板如乔布斯、马斯克，身上都有这种施虐型人格的影子。与之相比，中国文化高度重视人际关系的和谐，强调与人为善的传统，对于这种类型的行为模式的接受度总体应该更低。例如，英文形容人是一个"nice guy"，其实是很弱的表扬（如果不是批评的话）；中国人说"谁谁谁是一个好人"，往往是蕴含了强大道德性和情感性内容的一种很高的褒扬，二者完全不在同一个量级上。

　　领导力发展行业的基础是组织行为学的研究，其有效性的前提是，这个人的心理相对比较健康，有基本的自我观照、自我觉察和自我反思能力。所以，这个行业的专业工作者在工作中碰到精神病态等各种人格障碍，是一件很无奈的事情。例如，前不久，一个小有名气的老板来参加我们的一个企业家学习活动。他的公司刚上市，体量可能比当时在场的大多数人的企业大一些。他注意到这个情况后，说话的声音就开始越来越大。在一个同学表达了要成为千亿级企业的梦想之后，他开始抑制不住地嘟瑟："什么千亿级企业？你们见过千亿级企业吗？千亿级企业老板都是与什么人交朋友你们知道吗？"云云。大家见过找存在感的人，没见过以这种方式找存在感的人，整个会场，瞬间"石化"。

　　这种老板，在"dog eat dog"（指强势竞争文化）的西方职场中，也许不算什么大问题；但在注重涵养和城府的中国社会，我可以断定，几乎预示了他将来不妙的结局。当然，语言上的冒犯，与行动上的冒犯相比，算不了什么。

最近，中国某著名电商公司创始人的"强奸案"和某著名制药企业创始人的"杀妻案"的各种细节透露出来，大家可以看看这种精神病态发展到行为冒犯层面的时候，能有多么可怕。而社会大众和公共舆论，对这种行为模式的惩罚力度，又将有多大。创业者本来就是比较异类的人，再加上他们肩负各种巨大的压力，他们发生心理健康和人格障碍问题的概率比普通人更大，忽视这个问题，对员工、对企业、对社会都是一个巨大的风险。

关于企业家的心理健康和人格障碍，我的母校 INSEAD（欧洲工商管理学院）的曼弗雷德·凯茨·德·弗里斯教授是西方学术界绕不过的一座灯塔。从二十世纪七十年代开始，他花了近半个世纪研究这些问题，横跨学术界与实践界，发表了三百多篇论文并出版了四十多本书，组织了无数高层培训和咨询项目，影响了欧美国家千千万万的企业和企业家。他的所有著作的清单，打印出来，最少几十页。西方一线学者有多敬业、多专注、多勤奋，凯茨·德·弗里斯是一个非常好的正面典型。

凯茨·德·弗里斯几乎单枪匹马，把 INSEAD 变成世界领导力研究与发展的中心之一。不为人知的是他这些年经历的一些艰难的挑战。行为心理学成为西方学术界主流之后，弗洛伊德的心理分析学成为一个少数派，甚至被一些人认为是"巫术"。凯茨·德·弗里斯却一直强调他的心理分析学背景，和基于心理分析学的心理动力学（psychodynamics）及心理治疗学（psychotherapy）范式，可以想见，主流心理学学术圈是怎么看他的。自从 80 年代他与著名组织学者 Dan Miller 在主流学术期刊发表《神经质组织》后，主流心理学界、组织学界基本就找不到他的名字了。

还要一个原因是，凯茨·德·弗里斯的写作风格基本沿袭的是欧洲管理学界的传统，偏人文，偏跨学科，行文常常是旁征博引，如入无人之境，与美国 A 级学术期刊的偏定量、偏专业术语，讲究"无一字无来历"的行文风格，形成鲜明的对比。所以，他的文章，一般都发表在偏欧洲风格的学术期刊（如 *Organizational Dynamics*，*Human Relation*）上；他的书的出版者，一般也不是那些有严格的同行评审程序的学术出版社（如西方主要大学的出版社）。

我在 INSEAD 读博士时，凯茨·德·弗里斯不在组织行为学（Organizational Behavior，OB）系，而是在创业与家族企业系；不是核心的、行使各种学术权力的 tenue-track pro-fessor（终身轨教授），而是相对边缘的 clinic professor（临床教授或实践教授），可以想见他在学校地位的尴尬。过来人告诉我，有一段时间，他甚至差点面临被学校解聘的情况，幸好当时在 INSEAD 的另外一位管理大师明茨伯格及时出手，危机才算化解。

当时，我们这些少不更事的博士生，每天浸淫在典型的美式研究的各种套路当中，对于凯茨·德·弗里斯的遭遇，还不免有些轻薄之心，就像财务、运营等定量学科，嘲笑偏定性的 OB 代表的是"Organizational Bullshit"一样。定量研究嘲笑定性研究，正式模型嘲笑数理统计，大家人云亦云地一起跟着鄙视链走，哪里知道这种鄙视和反鄙视背后的辛酸与无奈。多少年轻的学术梦想，在这种狭隘的对峙中灰飞烟灭。

当然，与德鲁克长期得不到学术界的接受，甚至直到今天仍为一些人所轻薄相比，凯茨·德·弗里斯这点尴尬，就算不了什么了。西方管理学界的这种理论界与实践界、理论知识与实践知识相互脱节的奇怪情况，也是管理有多复杂，管理学有多复杂的一个很好的注脚。权力、派系、资源……

象牙塔内的斗争，甚至比象牙塔外面还要更为激烈、更为不择手段、更为"精神病态"。所以，如果没有一定的使命感与责任感的支持，大家还是离这个学科远一点为妙。

学术界倾向于认为，信息技术的发展、传播的便利、各种娱乐方式的大繁荣、全球化导致的竞争加剧，也许都在某种程度上加大了人们平均的精神变态的程度，或者说，至少是加大了人们对各种精神变态的接受程度。例如，第一代硅谷创业者如 Dave Packard、Bill Hewlett（惠普公司创始人）、Andy Grove（英特尔公司前 CEO）看起来都是温和儒雅的谦谦君子，到了乔布斯、马斯克时代，却仿佛印证了 Andy Grove 的那句话：唯有偏执狂才能生存，唯有偏执狂才能成功。对事的偏执狂，大家容易接受；对人的偏执狂，就离人格障碍和精神病态不远了。

难道这个世界必然要被《穿普拉达的女魔头》那样的疯子、变态和怪人所主导？我倾向于没那么悲观。心理学的维度之外，还有一个神学的维度。我写下这篇文章的时候，巴黎圣母院刚刚燃起熊熊大火。与很多人认为这标志着法国和欧洲信仰的失落相反，我反而认为这也许是他们的宗教文化之复兴的一个转折点。这种宗教文化，强调英国作家 C. S. Louis 所定义的 agape（上帝之爱、无缘无故的爱）的力量，对于维护人们的心理和精神健康，遏制精神病态尤其是企业界的精神病态扩散的趋势，将起到一般中国人难以想象的巨大作用。

反倒是我们中国有些人，好像除了对金钱，包括金钱代表的地位和金钱所能购买的东西以外，对其他东西，都鲜见坚定的信仰，未来将如何应对这个问题，更让人担心。大火之后，巴黎圣母院的主体结构还在，我们的"巴黎圣母院"呢，早就不知道经历过多少次大火了。我在《以热爱战胜恐惧》中总结的正念、良知与天命三个概念，算是在文化的废墟里努力拣起一些相对完整的碎片吧。这样一片瓦砾遍地、尘土飞扬的土地上，技术演进的巨轮还在越转越快，娱乐至死的文化还在愈演愈烈，没有底线的资本用更大的力量让用户上瘾，看那一张一张麻木的脸，因为过度使用电子产品而逐渐失去血色。这些东西，将把我们带向何方？

我没有答案。

（作者为领教工坊联合创始人）。

关于作者

在已被广泛研究的领导力和个人与组织动力学领域，曼弗雷德·F. R. 凯茨·德·弗里斯教授引入了全新的观点。凭借他在经济学（经济学博士学位，阿姆斯特丹大学）、管理学（国际教师项目参与者、MBA 和 DBA 学位，哈佛大学商学院）以及精神分析学（加拿大精神分析学会、巴黎精神分析学会和国际精神分析学会）等领域的知识和经验，弗里斯教授仔细研究了国际管理、精神分析、心理治疗、动态精神病学和高管教练之间的关系。他感兴趣的具体领域包括领导力、职业动态学、高管心理压力、创业精神、家族企业、企业继承计划、跨文化管理、高绩效团队建设以及企业转型和变革的动态变化。

弗里斯教授是欧洲工商管理学院（INSEAD，在法国、新加坡和阿布扎比开设有分校）领导力发展和组织变革领域的杰出临床教授。他是 INSEAD 全球领导力中心的创始人。该中心是世界上最大的领导力发展中心之一。此外，他还是欧洲工商管理学院高级管理课程"领导力的挑战：培养你的情商"项目的主任，以及管理学硕士项目"带来变革的咨询和辅导"的负责人，并曾五次获得该学院的杰出教师奖。他还是柏林欧洲管理与技术学院（ESMT）领导力发展研究领域的杰出客座教授。他曾在麦吉尔大学、蒙特利尔高等商业学院和哈佛商学院担任教授，并在世界各地的管理机构讲学。

英国《金融时报》《经济学人》，法国《资本》杂志，德国《经济周刊》都将弗里斯教授评为全球顶尖的领导力研究学者。他名列"全球最具影响力的50位管理思想家"，并被认为是在人力资源管理领域最有影响力的人物之一。

弗里斯教授是40多本书的作者、共同作者或编辑者，包括《神经质组织：诊断并改变不良管理风格》《领导、傻瓜和骗子》《管理快车道上的生与死》《领导的奥秘》《幸福等式》《领导者是天生的吗》《俄罗斯新商业精英》《恐惧领导力：阁楼上的夏卡祖鲁》《全球高管领导力清单》《教练与沙发》《沙发上的领导》《沙发上的家族企业》《性、金钱、幸福与死亡》《性格与领导力反思》《领导力与职业生涯反思》《组织的反思》《领导力教练万花筒》《刺猬效应：打造高绩效团队的秘诀》《正念领导力》。还有几本书在准备中。

此外，弗里斯教授已经发表了400多篇学科论文，包括书籍中的章节和独立文章。他还撰写了大约100个案例研究，其中8个案例获得了"ECCH年度最佳案例奖"。他是许多杂志的固定撰稿人。他为《哈佛商业评论》和《IN-SEAD知识》写作博客。他的文章刊登在《纽约时报》、《华尔街日报》、《洛杉矶时报》、《财富》、《商业周刊》、《经济学人》、《金融时报》和《国际先驱论坛报》等刊物上。他的书籍和文章已被翻译成31种语言。

弗里斯教授是《管理学会》编委会的17个成员之一，并当选为管理学学会的会员。他是国际精神分析研究组织（ISPSO）的创始成员，并被授予终身会员资格。由于对领导力研究和发展的杰出贡献，他也是获得国际领导力协会终身成就奖的第一位非美国人；他被认为是世界领导力发展领域与规范的创始学者之一。由于他对咨询领域的贡献，美国心理学基金会授予他哈里和莱文森奖（组织咨询方面）的荣誉。在荷兰，他因其在管理和精神分析领域的贡献而被授予弗洛伊德奖。他还获得了哈佛领导力辅导学院的卓越远景奖。此外，他还获得了两个荣誉博士学位。

弗里斯教授是美国、加拿大、欧洲、非洲和亚洲顶尖公司在组织设计、转型和战略性人力资源管理领域的顾问。作为领导力发展领域的全球顾问，他的客户来自 ABB、荷兰银行、埃森哲咨询、荷兰全球人寿、法国液化空气公司、加拿大铝业、阿尔卡特、阿布扎比先进技术投资公司、贝恩咨询、奥陆芬音响、邦尼集团、英国石油公司、凯恩酒店集团、德意志银行、爱立信、通用电气资本、高盛、喜力、哈德森、联合抵押银行、天达、毕马威、乐高、利宝保险、汉莎航空、灵北制药、麦肯锡、澳大利亚国家银行、诺基亚、诺华制药、诺和诺德、起源、南非米勒酿酒、壳牌、喜威、史宾沙、南非标准银行、三方对话银行、联合利华和沃尔沃汽车。作为一名教育家和顾问，他曾在 40 多个国家工作过。在担任顾问期间，他还是 Kets de Vries 研究所（KDVI）的创始人。该研究所是一家从事高端领导力发展咨询的公司。

荷兰政府授予他奥兰治-拿骚官佐勋章。他是第一位在蒙古国飞钓的人，还是纽约探险家俱乐部的成员。在工作之余，他的足迹遍布非洲中部的雨林与草原、西伯利亚的针叶林、帕米尔高原和阿尔泰山、阿纳姆地乃至北极圈。

第 1 章

引　言

有一天你会成熟到重新开始阅读童话。

——C. S. 路易斯

如果想让你的孩子聪明，就给他们读童话；如果想让他们更聪明，就给他们读更多的童话。

——阿尔伯特·爱因斯坦

从有历史记载的初期，抑或更早开始，童话就是运用隐喻来克服人类恐惧的一种方法。

——杰克·赛普斯

一旦我们注定要在头脑的监狱中度过一生，我们的职责之一就是把它布置好。

——彼得·乌斯蒂诺夫

引 言

我们都知道童话故事讲些什么。里面有一群可以预见的角色（英俊的王子，邪恶的后母，美丽的公主，古怪的龙、青蛙，或其他被诅咒的野兽，等等）。男主人公或女主人公经受可怕的考验，遭到残酷和不公的对待，但最后，坏人得到应有的惩罚，好人获得胜利，大家从此过上了幸福的生活。

了解或预见相似的故事框架，意味着我们很快吸收故事里包含的学问；我们的头脑对信息开放，不会被故事的结构左右，也不会被它抢先占据。许多传统故事和童话正是以这种方式，给了我们一条接受道德教育和反思人类行为的捷径。作为文学和精神的产物，它们的用处从很早起就是公认的，并被永久地保存在口头和书面文学史中，从公元前 600 年的《伊索寓言》，17 世纪的《拉封丹寓言》，19 世纪的《格林童话》，到持续风靡全球的英国哑剧传统。这些经典故事以其为人熟知的剧情、人物角色和基本道德真理，成为世界上大部分小说和剧本的根基，嵌进人类祖先的历史中。它们超越了纯粹的娱乐，让读者和观众沉醉在丰富的想象中，由此唤醒内心隐秘的自我。有了这样的共鸣，讲故事的人就实现了故事的基本治疗功能——映出我们内心最深处的恐惧和欲望，并帮助我们将它们融入到健康的性格里。

在这本书里，我写了一些新童话，给在最初考虑中不太可能成为读者的人看。他们是高管、公司领导者，以及和他们一起工作的教练人员。也许有人会觉得这是个奇怪的主意。我只想说，每个人都喜欢故事，而且喜爱童话胜过大部分故事，因为我们都在编写着自己的故事，我们都是自己人生的讲述者。所有辅导、精神治疗和精神分析的介入，在开始时，都要求客户讲述自己的故事。我借用传统童话的形式来写这本书中的五个故事，并运用童话的形式，将书中的五大关键主题戏剧化，它们都关于有欠缺或失败的领导力。这种"改头换面"的方法能很好地传达信息，要不是这样，这些信息可能压根没人听得进去。

附带的评说分析了每个故事的情景基础，以及它在哪些方面和领导行为、组织文化相类似（例如有效性或其他方面）。此处的判断要素配有源自现实生活的小插图，我用图片来说明我遭遇失能高管行为的场合，以及如何应对这种情况。每个故事后面有一份自我评估测试，用以巩固学到的主要经验教训，指导读者理解测试的结果。

促使我给高管写这本童话书的，是一次 TED 演讲的邀请。它和我习惯在会议上或其他场合所做的演讲的格式大不相同。这一次没有时间闲谈，演讲最多只有 19 分钟，所以必须紧扣要点。而通常我的演讲时间要长得多，因为我喜欢在演讲时讲故事，还喜欢和听众对话。

怎样在有限的时间内传达我想要表达的内容精髓，这个问题让我烦恼。不过对我来说，最令人头痛的时间限制反倒是件好事，因为这个挑战迫使我重新审视演讲的方式。TED 演讲让我明白了讲故事的本质。

让听众理解我想说的内容的最好方式是什么？我想要听众记住什么？我想让他们从我的故事里得到什么信息？这最后一个问题让我想到了童话故事。几乎所有的童话故事里，都蕴含了一个特定的、隐藏的信息。童话故事教给我们人生的课程，揭露人类的弱点，而且常常伴有强烈的道德说教。正如莫里哀的剧作《贵人迷》中的茹尔丹先生所说，"多年来，我一直在用散文说话，却没意识到这一点"。TED 演讲的挑战让我意识到，在我从事的管理学教授、精神分析学家、顾问、高管教练的工作中，我一直都在讲童话故事，或许我该借这个机会，更有意识地去讲。

童话故事一直深深地吸引着我。孩童时期，我如饥似渴地读完一卷又一卷的童话。故事对我来说永远不嫌多。现在，我有机会为特定的目的，创作一些童话故事给成年人看。然而，什么样的童话能够吸引高管，且对他们有意义呢？

讲故事是个很普遍的现象。我们生活的文化，大部分由人们讲述自己的经历构成。一直以来，讲故事为我们打开了一扇窗户，让我们了解自己的进化史。从最开始，讲故事就是一种涉及分享知识和价值的社会行为，一种随着人类种族的进化而逐渐形成的交流形式。大多数人还不会读写的时候，我们的祖先在炉边和农村集市上讲故事，用这种方式将法规、价值观、宗教信仰、禁忌、知识和智慧世代传递下去。通过故事来交流是人类历史上最一致的主题之一，尤其是 18 世纪以前，童话故事是成人和孩童共同的娱乐来源，也是日常生活的基本部分。

人们讲过的故事和基本的生活事件有关，特别是成长的过程和与之相关的情感起伏。故事是控制人类面临的心理冲突的非常有效的方法。出生、死亡、婚姻、爱、恨、恐惧、快乐、邪恶、宽恕、拒绝、接受，都是故事的常规主题。

这些故事都和人类生存的最基本的要素有关，所以相同类型的故事跨越截然不同的文化，经过漫长的时间，被一代代人口口相传。这些故事的相似点是它们都反映了底层人群的动态，这是所有文化共有的。就像一些关于陌生的真实生活经历的故事被人们说了又说，社会熟悉的大多数经典童话故事也在同样被重复讲述的传统中形成。虽然故事各不相同，它们的主题却一直非常相似。

童话和寓言通过捕捉人类戏剧性事件和情感中最极端的形式，成为我们共同的文化遗产的组成部分。它们隐喻重大事件。讲故事使我们的先祖得以生存和发展，因为故事反映心理现实和生活经验。故事中经常展现弱小战胜强大，帮助他们应对周围的危险。从这方面来说，这些故事也被视作"充满希望的故事"。它们体现基本的人类价值，因此也是道德故事。这些故事里，慷慨和善良多半会得到回报，而贪婪和残忍会受到惩罚。

即使在数字时代，讲故事也没有失去其作为一项基本人类活动的价值。今天，这些反映我们文化遗产的故事，仍然和几代之前一样有意义。我们从故事中探寻到集体无意识的智慧，它源于我们祖先的文化遗产。在故事的影响下和故事中原型人物的指引下，我们能弄清自己是怎样的人以及自己想要成为怎样的人。

这类故事用很多方式感动我们，比我们能参透的还多，所以，即使生活在当代社会，我们也经常被拉回到古代的寓言、传说和童话中，用现代的背景重新加工它们。讲故事的人会有一种文化共同感，因为现代的讲故事人通过讲某个故事，和过去讲过这些故事的每个人连接在一起。

我们中的很多人无法了解故事能在多大程度上影响我们的行为、塑造我们的文化。即使我们没有意识到，故事仍推进我们做的每件事——我们如何思考过去、如何决定当下、如何计划未来、如何规范行为，甚至如何定义人格。我们通过听故事、给别人讲故事，以及在内心讲述我们遇到的事，意识到我们是谁。从人类发展的观点来说，我们每个人本质上都是讲述者。我们是自己人生故事中的男女主人公。人生的旅程是座迷宫，故事帮助我们找到一条穿过迷宫的路。故事是凶险大海上的一盏明灯。

传统童话的主题和布局方式把盘踞在我们头脑中的问题戏剧化。故事中的每个角色都描绘了我们自身的本质、意识、感情和精神发展的状态。讲故事或听故事时，我们会发挥想象，开始产生和讲故事的人一致的思想、意见和想法。就这样，我们脱离自身观念的束缚，从不同的角度看事物，体验故事里男女主人公的感受。正因为如此，我们听到的故事会对我们的信念和道德观产生强大的影响。

传统故事对主人公的特性描述是一维的，这使他们很容易被识别。他们可能单纯、聪明、丑陋、美丽、贫穷、富有、邪恶或好心。正是因为这些故事不从更深的维度探究人类经验和关系，它们的清晰度提高了。不仅故事的描述非常浅显，而且故事里的男女主人公和反面角色通常连名字都没有（简单地被称为少女、樵夫、小妖精、国王、王后、大坏狼），或使用表意的名字（杰克、白雪公主、白马王子、恶毒的继母）。这让人产生一个错觉：故事中的男女主人公可能是我们中的任何人，那些古怪和奇妙的事也可能发生在我们所有人的身上。

这些故事的魔力建立在抽象上。它们没有明确的故事背景（常常是森林、城堡、遥远的国度、很远的地方），人物两极分化（十全十美或万恶不赦），最重要的是，它们都发生在"很久以前"，无须更精确。所有这些都能立即为我们所理解。作为象征和艺术的交流方法，童话经久不衰的吸引力证实了它的丰富性和有效性。

我们中很多人初次接触传统故事是在孩提时期，然而它们实际上远不只是给孩子看的故事。它们融汇了心灵和道德的课程，面向我们所有人。它们让我们了解有矛盾就有解决方法；教导我们"天无绝人之路"。传统故事以这种方式，给了我们一张安全网。通过童话，我们对世界如何运行和我们在世界中应有的位置形成概念。

童　话

在讲故事的传统中，童话一直发挥着重要的作用。它是人类最重要的意义构建机制之一。童话探索现实与幻想之间的界限、有生命与无生命世界之间的界限。童话里发生着非常神奇的事：动物说话；人变成动物；仙女帮忙；小妖怪恶作剧；龙和其他怪兽埋伏着等待我们；奇迹也近在眼前。一旦进入这些"别样的世界"，我们就会产生一种期待，希望带着新的认识、新的活力和希望回到自己的世界。

　　"童话是写给孩子看的"是个较新的想法，也一直被迪士尼效应强化。这些将经典童话"净化"后的卡通版剥去了原文中的许多复杂情节和感官刺激。在这个过程中，故事的大量象征意义也丢失了。我们很多人被熟悉的彩色动画版蒙蔽，而不知道这些故事很多版本中的黑暗。

　　残暴和野蛮的力量是人类的一部分。童话通过隐喻和象征性的叙述，成为我们努力控制残暴和野蛮力量的产物。它们也是我们保存最深的秘密和恐惧的密室。思考一下，有多少童话将一些我们最惧怕的东西戏剧化了：抛弃、手足争斗、饥饿、食人、谋杀、强奸、乱伦。所以孩童时期听到的童话在我们的一生中留下印记，也就不足为奇了。但是，读和听这些故事让我们克服恐惧、辨别是非。从进化心理学的观点来看，童话也许曾是个成长的必需品，它赋予我们能力，去应对生活给我们准备的挑战。

结构模式

　　在大多数童话的开头，主人公都过着平凡而不起眼的生活。为增添戏剧感，我们的男女主人公也许有个很不幸的人生开端——贫穷、丧失亲人、被遗弃、被囚禁、被取笑或被怜悯。即使如此，他或她依然有所追求——这也是我们都能认同的想法。在故事的早期，男主人公或女主人公得到"召唤"，让他们告别乏味的生活，去着手做一些激动人心却前途未卜的事。主人公通常会抵抗，但压力一直存在，因为"召唤"是不容忽视的。而一旦主人公响应了"召唤"，常常会有一段准备期。

主人公开始旅程的时候到了。他们走出平淡的日常生活，去一个有冒险、考验和魔法奖励的地方。越过门槛、进入另一个世界，意味着冒险和探索。男主人公或女主人公身负重任，要完成一件非同寻常的壮举，比如杀死一条龙，或把一屋子的稻草纺成金子。

在故事中的这一时刻，我们的主人公面对威胁生命的危险。他们的旅途是穿越被狼和熊包围的、漆黑一片的森林，跨越险峻的山脉，走过漫无边际的沙漠，或不得不做出超乎常人的努力来完成他们的使命。他们遇到龙、巨人、小妖怪、巫师、巫婆和巨魔。不过，幸运的是，这个跨越危险门槛的行动吸引了帮手的到来。他们可能会乔装成仙女教母、善良的陌生人、动物指引者的形象出现。这些指引者或导师帮助主人公战胜他们面临的危险，在探索的道路上获得成功。(我在这本书里所写的童话中，男主人公和女主人公会遇到以白乌鸦、陌生人、丑老妇，以及四兄弟的老师形象出现的导师和帮手。)

试炼的旅程中最紧张也最戏剧性的时刻到了。主人公完成探索的能力受到挑战。他们必须利用旅程中获得的技能和洞察力，来通过这些考验。这些已经改变的人会逐渐显现出胜利的姿态。

在这所有的童话中，主人公不仅在魔法世界的险境中生还，也在深入他们内在世界的旅程遭遇中幸存。故事中的人物和形象——恶毒的继母、仙女教母、黑暗、森林里的危险、魔镜——可能象征着不安的内在情绪状态。战胜各种挑战和经历人生大事很相似，主人公似乎"回到"了他们启程的地方。虽然又回到了"旧"世界，但他们已经彻头彻尾地改变了。事情不会再像过去那样了。

许多童话故事可以理解成我们内心黑暗面的戏剧化，并让我们承认和面对内心的黑暗。我们迷路的森林深邃、黑暗又危险，代表我们潜意识里无法攻破的世界。虽然黑暗的森林是个野兽盘踞的未知世界，但是它也是个充满机遇和变革、让我们找到真实自我的地方。

接下来便是"永远过上了幸福生活"的大结局。故事中的第一抹幸福的微光往往出现在灾难的顶点。看似所有的希望都破灭的时候，王子来了、坏人出差错了，或者女主人公死而复生。在童话里，结尾处会有"回报"——坏人蒙羞或死去，主人公和王子或公主结婚，得到王国或财宝作为奖赏。

改变的希望

如果说童话里有一个恒定的元素，那便是改变。故事告诉我们，只要做好了充分的准备，就有可能改变。个人的改变是童话的关键主题之一。著名童话中的所有主要人物都有这样或那样的转变。丑的会变成美的，弱者会变成强者，贫穷会变成富有。这种对立是童话的特性。

童话的真正力量在于它的叙事手法：善良战胜邪恶，最黑暗的经历和最严重的挫折会带来"永远幸福"的结局。故事中的主人公们战胜了所有的挑战和考验，变得更睿智、更坚强，能够应对各种危险。童话教导我们，只要聪明、诚实、慷慨、谦逊、善良，即使在看似希望全无的时候也会成功，改变可能发生在我们所有人身上。

让我们用著名的童话《灰姑娘》来说明这一点。这个可怜的女孩忍受着悲惨的处境，她被父亲无视，挨饿，受继母和继姐妹的欺负和虐待，被迫为家里的每个人做苦工。然而，奇迹发生了，做苦工的女孩从一个被欺压的女佣，转变为一位迷人的公主，并成为王子珍爱的新娘。继姐妹羞辱她后偶尔的幸灾乐祸增加了故事的乐趣。这样的动态变化经常出现：野兽和青蛙变成英俊的王子，雪娃娃变成真正的、活生生的孩子。故事暗示每个人都有可能出人头地，不论多么卑微。难怪这个信息受大众欢迎。难怪我们都喜爱童话，因为它们暗示相似的魔法就在某个角落等着我们。如果童话恰当地发挥了它们的作用，它们会让我们沉浸在另一个世界中，在那里体验惊奇、神秘和兴奋的感觉。就这样，回到日常生活的世界时，我们已经被改造得更好了。

象征主义和梦幻意象

童话让我们知道，现实以外的东西比比皆是。在我们所看到的世界的下面，有一个充满幻想和梦幻的世界。这些童话传达出潜意识的普世真理——处于人类经验中心的善与恶、光明与黑暗、快乐与悲伤。

虽然这些故事从不是仅仅给孩子看的，孩子却会马上被故事的内容吸引。就像我们的史前祖先那样，孩子有着神奇的思维。他们清晰地关联上一些想法，比如实现心愿、会说话的动物、神仙，这些是很多童话中不可或缺的元素。对于孩子来说，万事皆有可能，幻想和现实之间的界限是高度通透的。孩子认同一个实施魔法的主人公，是在用幻想来补偿自己幼小身体的局限。重复地沉浸在这样的幻想中会使孩子相信，他们长大后，坚持不懈地克服阻碍将会得到回报。

童话的象征主义有时是很微妙或极其潜意识的，有时还明显很生涩。精神分析学家卡尔·荣格认为童话是集体潜意识心理过程的最纯净和最简单的表达，因为它们用最单纯、最直白、最简洁的形式来呈现故事中的原型。满是野兽的深邃而黑暗的树林是我们内心惧怕的或消极的因素的常见表现，也是我们的本性中未被发掘的一面，它可能危险又混乱——有时是浮现在噩梦中的元素。荣格坚持认为，这些黑暗之地会出现一些有价值的东西。我们天性中的野性面是我们身上重要的部分，从某种程度上说，也是最有创造力的部分。而我们面临的挑战就是用建设性的方法，把这一面整合到我们的身份中去。

生活中有些经历看似挫折，或是笼罩在我们头顶的乌云。我们的第一反应就是希望避开它们。然而，事后想来，我们也许会明白这些经历是极为珍贵的。它们也许曾逼迫我们去提升自身某些被忽视的方面，或进入我们内心的荒野之地，这些地方我们原本都有意或无意地避免涉足。在这些荒野之地，我们也会遇到青蛙王子、睿智的老人、下金蛋的鹅、乔装成亲切老奶奶的狼、凶残的巨人、邪恶的小妖怪，还有吃人的巫婆。黑暗的森林是很多故事的背景，对于早期的听众来说，黑暗森林的真正本质加强了童话的象征意义。讲故事和听故事的人围坐在安全的火堆旁，而在它的那一边，从埋伏等待没有疑心的旅行者的小偷和强盗，到渴望杀戮充饥的熊和狼，森林的危险非常明显。

梦和童话之间一直有着大量的共同性。从进化心理学的观点来看，童话像梦一样，可以帮助我们为真实生活中遇到的危险情况进行预演。如果白天的时候有什么事儿一直萦绕在我们脑中，我们就有可能梦见它，要么是具体的，要么凭借象征意象。梦就像个私人剧院，让我们能够在睡眠中解决问题，而且比醒着的时候更有效，因为相比醒着的时候，睡着的状态能更快地建立关联，有意识的审查也较少。童话的功能和梦相似，它们是集体剧院，上演我们都认得出的、共享的、帮助我们保持理智的剧。

童话像梦一样，使我们受到惊吓，也让我们为生活中的现实做好准备。童话警告我们在旅途中可能遇到的危险，告诉我们不要向诱惑屈服，不要相信说谎的人，不要看轻别人。童话和梦以这种方式，实现了一项重要的社会功能。它们给了我们现实生活中得不到的经历，尤其是危险和有问题的状况，并教我们如何避开它们。

重复可以是个很好的治疗方法。在得出某些形式的问题的解决方法的过程中，我们的潜意识也许会让我们反复做一些梦，因此，人类对重复的冲动也可以解释为什么我们会被这些童话吸引。我们强迫自己一遍遍听某些童话，也许是因为我们正在努力处理那些特殊的矛盾。也许我们正在努力寻找方法来应对黑暗而可怕的力量，那也是我们的一部分。即使在今天，仍然有象征性的龙要杀，仍有巫师和巫婆在创造魔法，仍有探索要进行。

不论我们的文化是什么，童话都教给我们宝贵的人生课程。它将平凡的人放在不寻常的情境中。童话里描述的神奇事件、遭遇和经历，仍然是人类经验中有效的部分。童话是我们共有的历史和个人历史中的无价之宝。即使我们已长大成人，我们在童年时期初次接触的童话以其象征性的语言，仍保持着对我们的驾驭力。

领导者旅途中的童话

心灵的成长是每个童话的中心。主人公离开（快乐的或烦恼的）家，去面对并最终战胜艰难的挑战时，他们被期望发挥出自己最大的潜能。领导者也面对同样的困境。考虑到我们常常投射在位高权重的人身上的幻想，在许多方面，领导者可以被看作当代童话中的男女主人公。

童话给出的许多人生课程都阐明了领导力的主要"危险"。《皇帝的新装》是汉斯·克里斯蒂安·安徒生最著名的作品之一。故事中的皇帝和我们遇到的许多领导者很像。他们让人生畏，甚至令人恐惧。但如果我们更仔细地研究他们，会发现他们的权力和权威是没有实质内容的，他们就像没穿衣服的皇帝。再举个例子，《白雪公主》里恶毒的王后，就像个上了年纪的领导者，嫉妒后辈，挣扎在这种情绪中无法自拔。童话可以解读为成功和失败的地图，告诉我们如何尽可能活得平安快乐，如何在做决策时避免犯致命的错误。

当代的组织和政治领导者应当会协调好基本问题：帮助他们的人谋生；指导他们赢得竞争、战胜敌人，和组织或社会保持和谐的关系。领导者是充满希望的商人。他们和人们的集体想象力说话，创造群体认同。相反地，失效的领导者带领他们的组织或社会走向混乱，带领人们走向痛苦和困难，还带来不和与无纪律。

童话可以作为媒介，破解领导者面对的难题，给我们一个良好的契机来探索充满冲突的潜在问题。童话也许是一种学习如何应对高管世界里的挑战的很具说明性的方法。这些故事的影响，可能比许多传统的管理书的内容还大。那些管理书与其说是让我们开心或感动，教我们普遍的真理，不如说是给我们催眠的。而童话却把有效的和失效的领导力的图像印在我们的头脑中。

　　而且，童话更容易刺激我们的想象，厘清我们的情感，并为难题和焦虑提出解决办法。国王、王后、王子、公主以及其他角色，可能成为管理层的人面对的挑战的化身。童话世界发生的事和组织生活中发生的事也有相似之处（探索、挑战、闪闪发光的奖励、继任问题、要打的仗）。用童话的形式来呈现领导力的困境，可能是帮助领导者改变的强效催化剂。因为正如我们看到的，童话一直将人的改变作为核心。

　　讲故事也是领导者手中强有力的工具。领导者让员工充当故事的听众，能够阐明他们遇到的那些挑战，说服他们选择某条路走，说明好行为和坏行为的结果。领导者就像童话里的男女主人公，故事告知他们必须先集中精力管理好自己，再去管理别人，还要学会从不同的角度，去思考组织里的人们相互影响的方式。随着领导者学会控制自己的焦虑，他们能更冷静地管理自我，即使在困难时期也能继续领导。

领导力的五个致命危险

　　我在 TED 演讲上讲述领导力的本质时，决定讲五个童话故事，来突出我相信高管们会遇到的最致命的危险。他们真正该注意的事有哪些？他们面临的最大陷阱是什么？本书回答了这些问题。这里的五个故事讲述了关于领导力奥秘的一些基本问题，我将它们记录下来，让高管意识到他们在各种任务中会遇到的危险。

为什么有些领导者成功而另一些偏离了轨道？怎样分辨有效和无效的领导者？很多领导者容易碰上的第一个危险是缺少自我认知。

第二个危险是狂妄自大。许多领导者太过自大，脱离了现实。为什么很多领导者以这种方式自取灭亡呢？

第三个危险是领导者没有能力让员工发挥其最大的效能。无效的领导者无法延伸为他们工作的人的能力。他们不知道如何使员工变得比他们认为的更好。

和第三个危险连在一起的是第四个，也是更大的危险，那就是领导者无法建立起运作良好的团队。有效的领导者能意识到并接受他们的个人局限性，身边用的人拥有他们没有的能力，这样，一个由特性互补的人组成的执行团队就建立起来了。

第五个危险是创建"劳改营"——是什么阻碍领导者

建立良好的工作环境？

在这本书里，我用童话这个传统媒介，尝试把这五个致命危险戏剧化。童话仍和人类灵魂共鸣，还没有人老到不相信这些故事的魔力。我相信，即使是久经沙场的高管也无法抗拒这些故事中描述的另一个世界的吸引力。童话提供了一个令人鼓舞的生活模型，不经意地提醒我们人生中积极的可能性。"从此过上了幸福的生活"并不是结局，而是通往更有希望的现实的入口。这些故事不仅教我们有关外部世界的课程，也给我们机会开启内心的旅程。

这些童话中的信息可以看作警告，告诫领导职位的人哪里可能出错。不过，它们也会唤起希望，让人们相信能取得更好的成果。这些故事都是关于领导中该做什么和不该做什么。我希望领导者能够擦亮眼睛、张开耳朵来读这本书。我希望他们拿起这本书时，代表着他们准备好去了解自己哪里可以做得更好。

童话的内容总是和经历生活给予我们的艰难险阻有关。作为人类，我们不得不面对痛苦、烦恼、悲伤和恐惧。我们把弥补这些情绪的需要转化成本能的活动，比如幻想和讲故事。我们讲给自己听的故事帮助我们面对人生的境遇。

但愿我们永远不会老到不相信这些故事的魔力。

如果你在读这本写给高管的童话书，想来你很熟悉组织生活，它的好的和坏的方面，它良好运转时带来的快乐和失效时的苦恼。我希望你在阅读时，反思你对每个故事的反应。这个故事让你感觉到什么？故事里有没有引起你共鸣的地方？你有没有识别出哪个角色？你有没有识别出哪个挑战？你的组织看上去像不像被施了邪恶的魔咒？你工作的环境有没有走上"永远幸福"的正轨？我给每个故事配了一个现实生活中（匿名）的例子，它们讲的是我在组织的环境如何观察类似的危机或情况以及它的结果。在每一章的最后，你会看到一份自我测试，让你对这些故事里每个被戏剧化的致命危险的情况做出判断，并评估你的得分情况。

第 2 章

白乌鸦，
不再认识自己的领导者

知人者智，自知者明。

——老子

你首先要了解的是你自己。了解自己的人才能走出自我，像观察者一样观看自己的反应。

——亚当·史密斯

你需要了解别人不知道的事。使你了解自己的正是你的那些别人不知道的事。

——唐·德里罗

你存在于这个世界，就是为了探究你究竟是谁。

——埃里克·迈克尔·利文萨尔

很久以前，有个英明的国王，他深受人民爱戴，也深受所有邻国的尊敬，所以他被认为是世上最伟大的君主。在他的统治下，商业和艺术欣欣向荣。劳动者很富足，每个人都很幸福。

现在，大家都知道国王有一面帮助他治理好国家的魔镜。国王每天早晨起身后，都会站在镜子面前。他注视着镜中的影像，能看到自己的长处和短处。他看到他的脚稳稳地踩在地上；他看到他必须面对的问题和如何解决它们；他看到重要的事和不重要的事；他看到他必须做的决定和如何做这些决定。他离开镜子时都会很有信心，觉得他能公正、慈爱、明智地治理他的王国。

然而，在这个王国里，并不是每一个人都快乐。在最黑暗的森林的洞穴深处，住着一个坏小妖。他看到国王如此受国民的敬爱，妒火中烧。随着时间推移，人们越来越幸福、健康、富有，小妖的怨恨也越来越深。

有一天，国王去国土的边疆地带探访他的国民，坏小妖乘机爬进了宫殿，进入国王的卧室，给魔镜施了个邪恶的诅咒。它大声笑着，对自己说："这下让我们看看国王如何治国吧！"

第二天一早，国王醒过来，和往常一样走到镜子前面。但是，他注视着镜子的时候，可怕的事情发生了。他再也认不出自己的影像了。一切都变得扭曲和混乱。"我真的是这样的吗？"国王问自己，"这是真正的我吗？别的东西的影像也是假的吗？"日复一日，镜子里都照出一个他不认识的人。国王开始失去自信。他很不开心。他开始质疑自己做的决定，一次次改变主意，不再确定他在做的是不是对的。国王的困顿和疑惑传遍了朝廷。人民开始好奇他们的统治者怎么了。现在，他不再公正、明智、仁慈，反而像是虚弱无力、没有安全感、性情古怪。王国里不满的声音，在坏小妖听来就像音乐。

但是过了不久，国民就习惯了国王改变了的行为。他们说："也许事情不像从前那么好了，但也可能更糟。看看其他王国的统治方式吧！跟他们比起来，我们还不算太差。"这让小妖非常生气。

一天，国王正和参事们在大殿的时候，小妖精再次爬进国王的卧室，偷了镜子，把它带到这个国家最高的山上。在山顶上，它把镜子举过头，念出第二个咒语，然后把镜子扔下了最陡峭的悬崖。镜子砸到地面，碎成几百万个小碎片，风儿卷起被诅咒的镜子的碎片，把它们吹进了王国里每一个男人、女人、孩子的眼睛里。

从那时起，国王的所有国民看到了一个扭曲的世界，因为即使最小的碎片也存有被诅咒的镜子的力量。因为眼睛里的玻璃碎片，国王的人民无法感知他们是谁。和国王一样，他们对于自己是个陌生人。

很快，这个曾经以明智、周全、公正的统治著称的国家，变成了一个混乱的、不快乐的地方，那里的每个人都失去了对现实的把握。人们再也分不清对错。曾经和谐的地方，现在是不和谐的，曾经快乐的地方，现在是悲伤的。坏小妖幸灾乐祸地看着自己造成的不幸，不停地大笑，一直笑到肚子发抖。

现在，国王对于自己是个陌生人，他的情绪变得更加黑暗和阴郁，他离人民也越来越远。他消沉的意气传染给了大家。没有人笑，人们对邻居都起了疑心。他们失去了所有的使命感，也忘了怎样做好工作。

一天夜里，国王做了一个恐怖的梦。梦中他往魔镜里看，看见了自己的脸，那景象令他充满恐惧。正当他注视着镜中的影像时，镜子开始摇动。它破裂成百万个小片，被狂风吹进一片黑暗的云里，云被高高地吹到空中。从某处传来一阵恶意的大笑声。国王醒了过来，身上汗水淋漓。他召来所有的侍臣，叫喊着："告诉我这个可怕的梦的秘密！"但是没有一个侍从能给他满意的答案。

侍臣们没法帮助他，这令国王更加沮丧。恐怖的梦境仍深深地铭刻在国王的脑海中，他请来王国里最聪明的人来帮他破解这个谜。然而他们中也没有人能找到答案。

最后，一个侍臣告诉国王，在一个很遥远的地方住着一个聪慧的妇人，她以知识渊博著称。"谁知道呢，"侍臣踌躇地说，"她也许是解开您梦中之谜的那个人。她也许能帮助您。"国王一听到这些，就命令他最得力的骑士去把那个聪慧的妇人接来，他说："你要日夜赶路，不管付出什么代价，都要把这位妇人接到王宫来，不得耽搁。"

聪慧的妇人来到王宫后，国王讲述了他的梦。妇人认真地听完，说："陛下，这个梦表示有人对您的王国下了个可怕的诅咒。"

"我要怎么做，才能让王国恢复原样？"国王问，"我要怎样才能夺回我们曾经拥有的东西？"妇人回答："破解这个诅咒的唯一方法是找到真理药水。但要得到它非常难。

它在一个很远的地方。任何试图得到它的人将面对巨大的危险。很多人尝试过，但是都失败了。"

聪慧的妇人说这番话的时候，国王的两个儿子也认真地听着。这时，他们站了出来，说："父王，请祝福我们找到这瓶稀有的药水。我们很荣幸为您效力，拯救这个王国。"

听了他们的话，国王非常感动，但他也害怕在这么危险的征途中失去儿子。然而，王子们一再请求父亲让他们去。国王终于同意了。他说："去吧，我祝福你们俩。你们的旅程对我们的王国至关重要，带回这瓶魔药的人将继承我的王位。"

两位王子立刻跨上马，疾驰而去。他们日以继夜地骑着马，穿越湖泊、山谷、山区和荒野，寻找这瓶魔药。

兄弟俩离王国越远，视野也越清晰，因为坏小妖的诅咒开始失去威力。一天，他们在一整天的骑行后已筋疲力尽，这时他们到了一个两条道路汇合的交叉口。一条路宽敞、笔直、清晰，另一条却狭窄、草木丛生。交叉路口的指示牌上写着：

小心！愚蠢的旅行者，

有胆量才能继续走。

走直路，你或许还回得来。

走另一条路，你会见识它的危险。

年长的王子急忙说："我走直路。"不等弟弟说话，他已经策马飞奔过去。年轻的王子知道哥哥算计了他，却别无选择，只能走上那条狭窄又草木丛生的路。

夜幕降临时，年长的王子来到一座华丽的城堡。他太累了，很感激能来到这个地方。他下了马，人们热情地招呼他，用火把为他照路。他们牵走他的马，领着他走进装饰着许多宝石和美丽的画的入口。经过了艰难的旅途，王子被这样的款待迷住了。他想："我终于能休息了。"然而，可悲的是，王子不知道这座美丽的城堡是个幻象。事实上，他正在坏小妖的巢穴里。

王子走进一间奢华的大厅，里面乐声萦绕，香味扑鼻。桌子上摆着许多食物和葡萄酒，多得连桌子都快放不下了。王子扑向食物和酒，狼吞虎咽。周围的美女向他投来挑逗的目光，不停地往他的盘子里加满食物，往酒杯里斟满美酒。

坏小妖伪装成一个贵族，欢迎王子的到来，给了王子他希望得到的一切尊荣。很快，王子就把寻找魔药的事忘得一干二净。他觉得很困。"我永远不想离开这个美妙的地方。"他想。

与此同时，年轻的王子走上了狭窄的、草木丛生的小路，经历着一段完全不同的旅程。他走过积雪覆盖的山口、干旱的沙漠、危险的沼泽、险恶的河流，但他不顾艰难险阻，继续前进。他对父亲许下的诺言沉重地压在他的心头。他决定不管付出什么代价，也要找到魔药。

只要遇到人，王子就会问他们："请告诉我，哪里能找到真理药水？"每次的回答都是，"在很远的地方，那儿有很多危险等着你"。尽管回答让人沮丧，王子也没有放弃。

一天，王子骑马穿过一片深邃、黑暗的树林时，听到奇怪的叫喊声。他找了很久，看到一只美丽的白乌鸦被困在陷阱里。让他大为吃惊的是，乌鸦对他说话了："王子，请把我放出来。一个坏小妖设陷阱套住了我，如果它看到我，会把我杀了吃掉。"

好心肠的王子放出了乌鸦。白乌鸦展开翅膀准备飞的时候，对他说："亲爱的王子，你救了我的命，我永远感激你。我能为你做些什么吗？告诉我你内心的渴望吧。"王子说："请帮助我找到真理药水。我四处寻找它，但哪儿也找不到。"

乌鸦回答说："亲爱的王子，我会帮助你，可你得听好了。离这里不远处，在这片黑暗、危险的树林最深的地方，有一座城堡。你得进入这座城堡，但是要小心，因为它只是个幻境。事实上它是一个坏小妖的巢穴。这个小妖精使我经受了很大的痛苦，它也该对你父亲王国遭遇的痛苦负责。所以你一定要小心。不要吃或喝任何由他们给你的东西，否则你会陷入沉睡，就没法完成任务了。今天晚上，每个人都睡着后，我会来找你，带你去拿魔剑，那是唯一一把能杀死小妖精的武器。你必须砍下它的脑袋，才能得到真理药水，它就在小妖精洞穴的宝藏里。"

王子来到城堡。就像白乌鸦说的那样，美食和美酒摆在他的面前，不过王子只是假装又吃又喝。同样的美女朝他微笑，王子也只是回以微笑。不一会儿，王子躺下去，假装熟睡。

城堡里夜深人静的时候，王子听到翅膀扇动的声音，白乌鸦出现了。和许诺的一样，鸟儿指引王子拿到了魔剑，他把剑紧紧地系在腰间。接着，他跟随乌鸦进入洞穴深处，里面传来奇怪的声音。那是坏小妖正在酣睡，大声地打着呼噜。王子拿起剑，猛刺上去，砍掉了他丑陋的脑袋。随后，乌鸦飞到更远处角落的架子上，在那里王子找到了装真理药水的小瓶子。他把魔药稳妥地放进袋子，这时他听到洞穴的更深处传来绝望的哭喊声和响亮的撞击声。他在那里找到了不幸的哥哥，他被囚禁在地牢里。王子再次用力挥起魔剑，切断了沉重的枷锁，兄弟俩拥抱在一起。

告别了白乌鸦，两位王子开始了漫长的回家旅程。然而在行进途中，年长的王子变得越来越安静和沉默。他为自己上了坏小妖的当、没能找到真理药水而羞愧不已。而今，他想起父亲在祝福他们时说的话——他的弟弟将会继承王位。

他的心嫉妒得快裂开了。在他们靠近王国的时候，年长的王子决定杀死弟弟、偷走魔药。他打算告诉父亲弟弟英勇牺牲了，而他自己是成功完成任务的人。他将会成为未来的国王。他们离家越来越近，年长的王子开始寻找机会谋杀弟弟、拿走魔药。

有一天，他俩在井边休息时，年长的王子觉得时机到了。他对弟弟说，他听到井的深处传来乌鸦的叫声。弟弟说他什么也没听见。"靠井近一些。"年长的王子说。年轻的王子走上前去，但是仍然什么也听不到。"我担心那是我们的朋友白乌鸦。"年长的王子说。听到这个，年轻的王子跑到井边，弯下身子，尽力去看里面的鸟。就在这时，他的哥哥使出最大的力气推了他一把，可怜的王子跌入井里。年长的王子都没有回头看一眼，就从弟弟的袋子里取出魔药，跳上马，向王国骑去。

他一到城堡，父亲问的第一句话就是："你的弟弟呢？为什么他没回来？他发生了什么事？"

"唉，父王，"王子说，"我们到了一个岔路口，弟弟选了那条不归路。我们分开后，我就再也没见到他。不过，尽管前面有重重艰难险阻，我还是成功地找到了真理药水。"

国王听到这个消息，流下了喜悦的泪水——笼罩王国的诅咒这下能破解了。但他也为失去小儿子流了很多眼泪，心里默默地希望他还活着。

年轻的王子的确还活着。他被推落的是口枯井，堆满了柔软的叶子，使他没有摔伤。年轻的王子呼救了很长时间，希望有过路的旅行者听到。过了一段时间，确实有个旅行者在饮马时停下脚步。他听到井底深处有人拼命呼喊，便放下一根绳子，把王子救了上来。年轻的王子打心底里感谢旅行者救了自己，继续踏上回王国的路。

他回到父亲的城堡，举国上下一片欢腾。王子告诉父亲哥哥如何抢走他的魔药，还试图杀死他，国王听到这些，气得脸色通红。"他怎能对自己的兄弟做出如此卑鄙的事？"国王叫道，"我要处死他！"

但是，年轻的王子恳求父亲饶哥哥一命。最后老国王心软了，他没有处死年长的王子，而是把他逐出了王国。没有人知道他去了哪里，也没有人关心。

国王吩咐王子按聪慧妇人的指示使用真理药水。"登上城堡后面那座山的山顶。到达山顶后，打开瓶子，把真理药水抛洒到风中。风会将它吹遍整个王国，坏小妖的诅咒就会破解。"

王子爬上了山顶，他十分惊讶地发现白乌鸦正翱翔在他的上空。王子一打开药瓶，白乌鸦就从天空俯冲下来，从王子手里夺走药瓶，它高高地飞在风中，边飞边洒药水。

然后，鸟儿降到地面，停在王子的脚下，在他眼前变成了一位美丽的公主——她是王子见过的最美的女子。

药水滴在空中散布开，就像一片乌云从地面升起。忽然间，王国所有的人都感到了变化。他们对自己不再陌生了。国王也意识到，他不再需要魔镜来告诉他如何贤明地治理好国家。

白乌鸦公主告诉王子，真理药水带走王国的诅咒时，也破解了坏小妖给她施的诅咒，使她变回了原形。很快，王子和她结了婚，后来，他们成了国王和王后，从此过着幸福的生活。

"认识自我"

读这个童话的时候，也许你正把认识的人代入特定的角色，思考着与国王的城堡或深邃、黑暗的树林完全不同的舞台上的行动。你的组织更像故事开头和平、富饶的王国，还是更像陷入混乱、失效状态的王国？人们都想知道他们该做什么，组织会往哪里发展。为了你的利益，我希望你遇到的白乌鸦多过坏小妖。

我曾和一个家族企业共事，它迷失了方向，这一点和故事里的王国很像。伏尔泰曾说："人脑是个有神奇力量的复杂器官，它让人找出理由，继续相信他想要相信的事，不管那是什么。"那个家族企业的总裁加布里埃尔正是伏尔泰这一观察的典型。他相信不论他做什么都没错，他还具有非凡的自我欺骗能力。

加布里埃尔自我欺骗的习性在他担任总裁后才表现出来。他被选为总裁是因为他在产品设计方面的专业知识——那在公司起着重要作用。然而，不幸的是，处理公司的日常管理事务却不是加布里埃尔的强项之一。虽然他的直接下属看到了这一点，他却固执地认为自己是个高效能的高管。他的确有一些好点子，可他不擅长用有凝聚力的、一致的方式把它们表达出来。他杂乱无章的表达引起了很大的困惑。他定的目标让人觉得他生活在平行世界里——直接下属不明白他期望他们怎么做，才能从他们现在的状态达到他希望的状态，但也没有勇气问他。而且，他对自己深信不疑，把员工的反对意见拒于千里之外。

虽然公司在市场上有利可图，但加布里埃尔不一致的、混乱的领导风格开始造成损失——市场份额下滑，利润减少。公司里的每个人都知道该做些什么了。

最后，董事会里的一位无行政职能的高级总监埃文，在被公司里的一些人警告后，发现了问题，也认识到加布里埃尔需要帮助。在主要股东的信任下，他决定尽力把加布里埃尔拉回现实，帮助他更清楚地认识自己真正的强项和弱项。幸运的是，加布里埃尔一直很尊敬埃文。几番讨论后，埃文委婉地让加布里埃尔认清了情况的紧迫。他让加布里埃尔务必停止自我欺骗，不再否认业务的真实情况。

加布里埃尔不喜欢人们把他当傻瓜，但这些谈话还是令他思考。我就是从这时开始和他们合作，进行一个组织文化研究，然而私底下，加布里埃尔安排我评估公司里其他人对他的看法。不出所料，我观察到的一切都证实了埃文的评论。

加布里埃尔潜意识里知道有些事不对头。即使很痛苦，他还是开始认识到，他自认是个意志坚强的、能干的领导者的想法不过是自我欺骗——一种在他的高度竞争的家庭里发展出来的、有助生存的心理防御机制。他的不良自我意识不仅影响了自身对现实的检验，更严重的是，他还把自身的问题在更大的舞台上具体化，使公司和员工也受到影响。他亟须修正他的自我意识。

对自己新的理解为加布里埃尔打开了整个世界。不久之后，他聘用了一位能干的首席运营官，帮助他处理日常商务。适度的重组让他把精力放在他真正喜欢的领域——产品开发上面。这个安排令每个人都很满意，公司也受益。

加布里埃尔的故事和童话里的国王的经历都表明，一定程度的自我认知是形成有效领导力的必要条件，如果你连自己都不了解，你又怎能了解和影响别人呢？

进行内在的自我认知是不易的。观察我们的内心，探索我们的错误、缺陷和方式的谬误也许很痛苦。但是，我们只有在内心剧场的幕后迈出这一步，才能知道自己的真实潜能，才能知道我们能做什么、不能做什么。

在《白乌鸦》的故事里，国王知道当他自己有足够的自我认知，可以分辨真理和假象、现实和幻象时，他才能做一个明智、公正的国王。如果失去自我认知，他的判断力会受损，他将无法设定方向和确定优先级。

除了智慧的人类，别的物种似乎不具备一套有意义的自我评估机制，也不对自己是什么、为什么存在感到好奇。据我们所知，别的物种并不关注自身存在的问题。人类需要"了解自我"的特性，让我们仔细审查自己的思考、感觉、表现、行动的过程。这是情商的基础，或了解我们自己和别人的能力的基础。自我认知是聪明、体贴、有效的领导力的首要因素。

"认识自我"是刻在古特尔斐的阿波罗神庙上的铭文，从那时起，"认识自我"的告诫被看作知识的精髓。正如童话里的国王认识到的，自我认知是个过程，在这个过程中，我们把他人对我们非恭维的、甚至令人烦扰的看法，和我们对自己的光彩熠熠的看法调和起来。自我认知使我们能够从错误中学习，不断成长、发展、改变。这也使自省成了帮我们理解自己的世界里发生的事的最佳工具。

然而，自我认知并非易事。当古希腊最早的圣人之一、米利都的泰利斯被问及他认为什么是世上最难的事情时，他回答："是认识自我。"我们常常抗拒了解自我，因为害怕我们会不喜欢自己看到的东西。另一位著名的希腊圣贤苏格拉底相信，为了找到和平和快乐、成为我们人生中注定要成为的人，自我认知是很重要的。柏拉图也同意这个观点，他说："认知的精髓是自我认知。"亚里士多德也宣称："认知自己是一切智慧的开始。"他们明确地表达了远古时期以来就为人所知的道理。几个世纪前，印度的奥义书也主张"调查自己的真相便是认知"。

寻找自我认知在希腊悲剧中很明显。索福克勒斯的《俄狄浦斯王》里，一系列的悲剧事件展现了主人公逐渐认识到有关他的存在的可怕真相。这出剧生动地描述了俄狄浦斯看到却不想看，听到却不想听。俄狄浦斯无法接受他所做的和他的真实身份：他杀了自己的父亲，娶了自己的母亲。当俄狄浦斯终于获得了他一直寻找的自我认知时，他剜出了自己的眼睛，放弃了王位。诗人、作家、哲学家，以及从事辅导行业的人们也跟随索福克勒斯的脚步，投身于对难以捉摸的自我秘密的探寻。

我们的内心剧场

对我们来说，看透我们的内心世界不像理解外部世界来得那么自然。认识我们自己，意味着发现和了解所有的一切——关于我们是谁和我们想要成为谁。这相当于做一次内心之旅，评估我们喜欢自己什么、不喜欢自己什么。这意味着承认我们的优点和缺点、积极面和黑暗面。就像故事里的国王懊恼地发现，除非我们认识自己，否则即使连最简单的任务也完成不了。魔镜被摔成百万个小片后，国王和他的国民就再也做不出正确的决定。镜子的丢失削弱了他们的判断力。他们活在一个已变得扭曲的世界里。他们和现实的联系断了，他们没法再分辨什么是对的、什么是错的。

自我认知帮助我们理解和接受我们是谁和为什么做我们该做的事。它使我们的行动更真实，这会增强我们的自尊、改进我们的沟通方式和人际关系的质量。最成功的领导者都很了解自己。他们知道如何尽其所能地运用他们的天分；他们充分理解为他们工作的人；他们知道自己的长处和短处，以及如何发展它们；他们知道怎样做到优势互补；他们知道他们的员工在何种文化中茁壮成长。他们还知道，没有人因为知道自己很差劲就真的很差劲。

我们害怕看见不喜欢的东西是缺乏自我认知的主要原因。我们对承认自身的一切的抵抗，是人类行为中的真实力量——一种否定的防御机制。假如我们不喜欢我们在面具后面看到的人怎么办？如果听到别人对我们的想法会令我们痛苦怎么办？但是，我们没有人喜欢发现自己令人不

快的方面，而过分夸大我们的错误和缺点也会阻止真正的
个人成长。对我们来说，发现失败提供给我们的机会很重
要。当发现我们的行为无效时，我们可以做出选择：通过
我们已有的认知来行事，从而得到变化或改进；抑或继续
透过扭曲的透镜看人生，为自己的行为找借口，到头来无
所事事或做出错误的决策？

　　理解别人如何看我们是自我认知的关键要素，因此我
们要保持反馈通道的开放。这个很简单矩阵在管理文献中
被称为"约哈里窗格"（如图 2.1 所示），它呈现了获得自
我认知的挑战，它分成四个不同的区域：公众自我，个人
自我，盲点，无意识。

	别人知道	别人不知道
自己知道	公众自我	个人自我
自己不知道	盲点	无意识

图 2.1　自我认知的"约哈里窗格"矩阵

大而空旷的"无意识"区是矩阵里最难理解的象限，要找出那里发生了什么，需要时间和透彻的自我分析。而我们能很快攻占的区域是"盲点"区（就是别人知道但我们不知道的区域）。获得有关我们留给他人的印象的诚实反馈，是扩大自我认知最直截了当的途径。虽然有时我们很难吸纳这些反馈。不过，这么做能增加自我认知，也就很值得了。

　　自我认知使我们理解为什么人们对我们有某些想法。它赋予我们更好的判断力和清晰度，从而深入理解人们行为表现的原因，这是成为一名有效领导者的基本要素。它也表示我们能够预测在特定情形下如何行动，知道我们的行为对他人的影响。它还意味着我们能够很肯定别人会怎样描述我们的优点和缺点。换而言之，它意味着行动的真实性，也是《白乌鸦》童话的一个重要主题。

　　获得自我认知包含很多意思，而不仅仅是简单的闭门苦思。它还意味着用我们获得的知识做些事，把我们的生活变得更好，活得更有意义、更有目的。我们看到童话中，当被诅咒的镜子碎片飞进人们的眼睛，他们就变成了自己的陌生人。他们感觉不出自己是谁，再也无法分辨现实和幻觉。当然，这种情境也不无好处。总有人会宁可一直无视自我，生怕自我认知会太过痛苦，而沉溺在他们的幻觉里不愿自拔。

我们只有忍受一定程度的自我屈辱，才能进行成熟的自我分析。就像我们在《白乌鸦》的故事里看到的，在我们探索内心的过程中，会发现坏小妖和其他危险的生物。如果因为惧怕旅途中可能遇到的东西而避免探索，只会给这些暗黑的角色更强大的力量。

国王知道（坏小妖也知道），没有自我认知、没有对自己内心世界的运作和功能的理解，他将永远无法公正明智地统治国家。他将再也认不出自身的局限，永远是冲动的奴隶。

这个故事告诉我们，有效的领导者渴望了解他们个人的优点和缺点，尤其在和他人相处时。他们非常了解他们是谁，以及他们希望成为怎样的人。然而，故事也告诉我们，只有在迷失时，我们才会去努力了解自己。

镜 像

人类是已知的极少数能够在反射面里认出自己的物种之一。因此，在字面上和象征意义上，镜子一直对我们有着不同寻常的力量。有些古老传统把镜子视为魔法的通道，灵魂通过它离开这个世界，穿入下一个世界。还有人相信，人往镜子里看的时候，镜子会夺去他的灵魂。这样一来，也难怪会有打破镜子会招来七年霉运的迷信。镜子还担当善和恶的指示器：恶魔、幽灵、吸血鬼没有镜中倒影的传说也一直流传于历史长河中。

魔镜在两个著名的童话中起了重要作用。在《白雪公主》里，恶毒的王后每天早晨询问魔镜来确定她是世上最美的女人，直到有一天她得到了不同的回答。《美女与野兽》里，美女留在野兽的城堡时，被允许在镜子里看到父亲和家。这两个故事里，镜子都担当了现实和幻觉间的交界面。这一点也被戏剧化在一个不同的传说里——希腊神话中那耳喀索斯的故事。美丽的年轻人无法辨认现实和幻觉，导致了他的死亡。在《白乌鸦》的故事里，魔镜暗喻自我认知。

通过把他人当作镜子，我们的个人发展和镜像紧密相连。在幼儿早期，我们看到的第一面镜子是母亲慈爱的凝视。在这个镜像反映的过程中，我们发展了自我感和主观性，逐渐合上了想象和现实之间的缺口。在成长过程中，我们遇到别的镜子——家庭成员、老师、朋友、我们崇拜的公众人物。它们一齐反映出我们想了解的自己和我们所处的文化的重要主题。这种镜像对理解如何发展自我意识和健康的自我感觉极为重要。这也是一个贯穿我们整个人生的过程。

镜子里的领导者

很多领导者低估自我认知的重要性，不准备动身寻找这瓶特别的真相药水。他们在应对事件、得过且过中度过每一天，而不是基于他们是谁和他们想要什么，做出有意识的选择。他们没有能力反思自己的行动和动机。很多人连自省的时间都不给自己。在网络时代，生活的节奏确实不鼓励花过多的时间反思。在生活中，我们中的太多人只掠过真实自我的冰山一角。

《白乌鸦》的故事告诉我们，获取自我认知是我们必须面对的最艰难的任务，但是，只要努力，我们有很大希望实现"从此过上幸福的生活"的结局。我们也不用独自走这段旅程。国王和他的儿子们得到了聪慧妇人和有魔法的白乌鸦的帮助，而幸好我们的帮助者更加实际。领导力培训师、心理治疗师都能提供我们需要的时间、指导、支持，陪我们一起走自我探索的旅程。他们知道该问什么问题和怎样帮助我们找到答案。他们能帮我们确定目标，给我们要去的地方设置路标。我们对自己的理解也许并不总是令人愉快的。回想痛苦的记忆、面对我们的局限，或做出困难的决策，都是不容易的。创伤性记忆甚至可能阻止我们对自我发现的尝试，但它总有可能被治愈。如果不给自己反思的时间，我们将永远无法学会如何充分发挥长处，或如何管理短处。相反，也许终其一生我们都会过着没有自主意识的生活，只是根据习惯对我们的处境做出反应。我们可能会依靠默认的思考方式来帮助维持现状，因为那种状态下我们觉得最舒服。如果我们依靠这种方式来表现和行动，就需要周围有人来指出：维持原状只会原地踏步。只有检查和接受真实的自我，我们才会对所拥有的感到满足。

嫉妒的代价

《白乌鸦》的第二个重要主题是嫉妒。我们在这些情节里都读到嫉妒：坏小妖嫉妒国王的智慧和受人欢迎，年长的王子嫉妒他的弟弟。嫉妒被认为是可耻的，它也是一种动力，但领导者通常不敢承认，于是我们想出各种形式的自我欺骗来隐藏它。然而组织是个竞争的世界，有自己的等级文化和薪酬结构。组织提供了无数个使嫉妒兴旺发展的机会，即使这些机会都被伪装了起来。当嫉妒开始抬起它丑陋的脑袋时，领导者就需要自我认知来辨认它。

嫉妒有两种主要形式：我们嫉妒别人和别人嫉妒我们。在组织的环境中，也许有人嫉妒你的职位，而你可能嫉妒你的老板、同事，或下属——嫉妒的方向是没有限制的。嫉妒会影响你做组织结构方面的决策。有些情况下，它也许会麻痹你的决策制定能力，而它也可能成为别人的强大动力。

哲学家弗兰西斯·培根曾提到"嫉妒从不休假"。嫉妒是人类经历中不可或缺的部分，影响我们所有的行为和行动。同样地，它也是组织生活中无法避免的要素，在做关于人类行为的预测时需要考虑到它。包含嫉妒的组织动态学方程式有助于形成更现实的组织生活方式。而且，嫉妒也不全是坏的。受到一定程度的嫉妒表明我们获得了一些有价值的东西。嫉妒也是一种激励力量。

领导者要记住，嫉妒会伪装成很多形式出现（有些是建设性的，有些是破坏性的），需要时刻警惕逃避嫉妒和挑起嫉妒行为的过度潜伏。一个关键挑战是把他们自己的嫉妒控制在可接受的界限内。那不是件容易的事，因为嫉妒会很快被唤起，而且很容易失控。

有时，嫉妒被包装成（或成功地乔装成）道德愤慨。我们假装待人很公正。我们觉得有些人违背了某个道德准则——例如，因为同事生活铺张而举报他。这种姿态往往掩饰了我们渴望身在被举报者的位置。当人被某些人的"卑劣"行为困扰时，他很可能掩饰自己的念头，表现出同样的行为。他们愤怒的对象可能代表着他们自己渴望拥有的东西。此外，一定程度的自我认知会有助于中和嫉妒产生的更有害的影响。

有个奇特的德语单词 *schadenfreude*，意思就是"幸灾乐祸"。但是，如果我们把自己的快乐建立在享受别人的痛苦上，我们自身的总体生活质量也可见一斑。尽管 *schadenfreude* 能带来片刻暧昧的快乐，但真正的快乐不能与嫉妒感、怨恨感、报复心共存。就像故事里的坏小妖和王子，无休止的嫉妒会不可避免地给我们带来恶果。

西班牙小说家卡洛斯·鲁依斯·萨丰曾写道："嫉妒是平凡人的宗教。它安慰他们、抚平他们的忧虑，最后腐蚀他们的灵魂，让他们替自己的卑鄙和贪婪辩护，直到他们相信那是美德。"正如这个故事所说的，嫉妒是一剂慢性毒药，破坏我们的幸福和内心的平静。缺乏安全感而心怀嫉妒的人践踏别人，拔高自己。他们无法看清自身的幸福。从个体层面来说，强有力的现实感和移情能力是嫉妒的破坏作用的最佳解药。

从组织的角度来看，某些预防措施可以用来减轻嫉妒的情绪。这些措施包括减少层级结构、推行参与式的管理过程、去除显而易见的主管特权、引入大规模的分红制和认股权，以及取消薪酬等级的极端差异。预先清理可能引起嫉妒的架构、体制和行为，会降低整个组织的紧张度。

自我意识反映测试

亚洲的一句谚语里说："不会反思的人不可救药。"这就是这个童话里包含的主要寓意。如果没有自我认知，有时候我们对自己就像对别人一样陌生。同时，在学习认识他人的过程中，我们也会更熟悉地了解自己。像这个童话所阐明的，如果我们承担风险、敢于尝试，就会有改变和成长。而且，自我认知是个持续的过程——它不靠具体的成就来打分，只会和我们自己的生命一起结束。

下面的问题测量与你的自我认知程度有关的因素。请用"**是**"或"**否**"回答。

1. 我坚信，如果我要改进，我需要知道自己的长处和短处。

2. 我相信，对于自己是怎样的人，我有合理的想法。

3. 我经常质疑我做事的原因。

4. 我总是欢迎关于我的性格的建设性反馈。

5. 我能觉察出什么时候人们喜欢我做的事。

6. 我欢迎所有能更多地了解我的长处和短处的机会。

7. 我总是关注我内心的感受。

8. 我把分析自我当成一个习惯。

9. 我能清楚地感知我的偏见、偏好、成见。

10. 我不是那种不思考就脱口而出的人。

11. 我觉得和跟我有不同想法的人交流很容易。

12. 我总是很仔细地听别人要说的话。

13. 我很清楚如何应对模棱两可的情况。

14. 必要的时候，我准备好与他人分享我的感受和信念。

15. 我把自我反省作为习惯。

你回答的"**是**"越多，分数也越高。

如果你得了高分（10 分或以上），你是个在自我检查上花了相当多的时间的人。然而，如果你得了低分（5 分以下），你可能是不愿意审视自己内心的。请问问自己，你是否在监督你的感觉、想法和动机方面犹豫不决。如果是这样，你的内心世界和外在世界间可能有个缺口，也就是说你的言行不一致。

自我意识，就是对于自己的有意识的认知，也是情商的基础。自我意识包含理解你的认知自我、身体自我和情感自我。它使你能够管理情绪、行为和行动，帮你监督你如何影响周围的人。本质上，自我意识是辨认你的自身感觉、行为和特征的能力。如果你有健康的自我意识程度，你会更容易承认错误、欢迎建设性的反馈，并对自己有信心。自我意识还决定重塑自我的能力——学会做更多有效的决策、发展更深的关系、创造更宏大的自我实现。相反，如果身居高位的高管缺乏自我意识，整个组织就容易受到负面的影响——正如这个童话所阐明的。

第 3 章

熊国王，狂妄自大的代价

基座上刻着如下铭文：

"我，奥斯曼狄斯，王中之王，

功业盖世，料天神大能者无可及！"

而今只留残墟一片，

残骸四周无边无际，苍茫荒芜，

孤寂平坦的沙地向远方铺展。

——波西·比夕·雪莱，《奥斯曼狄斯》

狂妄自大是个巨大的可再生资源。

——P. J. 奥罗克

毕竟，我们永远也不可能成为神，但要变得没有
人性却容易得可怕。

——N. K. 杰米斯诺克

　　很久以前，在一个很远很远的地方，有一片又深又黑暗的森林，它的中间矗立着一位国王的宫殿。国王统治着一个庞大的帝国。虽然他的王国既富有又强大，却并非尽如人意。人们过得不幸福，国土上从没听到过笑声。

　　国王是个冷酷、自负的人。即使征服了所有的邻国，他仍不满足。他不善良、不公正，也不明智，反倒残忍、傲慢、又专制。无论人们多么努力地工作，试图取悦他，换来的却是挖苦和讥讽。只要他们犯了一点小错，国王就会勃然大怒。他从不原谅或忘记任何错误或负面评价。有一次，一位最年长也最忠诚的谋士告诫他：国民不幸福，他们正受苦受难。国王听后怒不可遏："从我的眼前消失！"他命令这个不幸的人："要是再踏进我的王宫，我就砍了你的脑袋！"老人走后，国王转而对侍从们说："看哪，除了身上的衣服，他就这样两手空空地走了。夺去他的金子和土地，烧了他的房子。他会知道冒犯国王是什么下场。"

　　从那以后，没有人敢告诉国王任何坏消息。他们确保他只听到他想听的。不论什么灾难降临在他的国土上，他们每天都会禀报："一切都好，各地安泰。"唯恐激起国王的愤怒和怨恨，他们从早到晚奉承他、恭维他。

王国的情况当然非常糟糕。随着国王的一天比一天自负，他的残暴统治也在敲响警钟。庄稼收成不好，买卖减少，国民贫穷又饥饿。但是国王的谋士们不敢告诉他真相是他判断的失误和他犯下的错误。很快，这个繁荣强大的王国里到处是痛苦和不满，然而在豪华王宫里被奉承包围着的国王却看不到。

国王的许多国民决定离开这个国家，去别处谋求更好的生活。渔夫、农民、泥瓦匠、教师、法官、侍臣——每个自己有本领和头脑的人都迁入了邻国，那里的统治又好又明智。有些人因为害怕而不敢离开，只能忧心忡忡地留下来。

当国王开始问起他的国民去哪儿了，侍臣们慌了。他们怎么能告诉国王，因为他的残暴和无视，国家最优秀也最聪明的人都在离去？相反，他们告诉他："陛下，他们离开王国是因为他们还没有好到足以留在这儿。"国王回答："我很高兴他们滚蛋了。"

终于，随着帝国力量的衰弱，被征服的领土上的人抓住这个机会开始反抗。更糟的是，很多逃离王国的将军和政客如今帮助领导这些领地反抗。国王看到这些，愤怒使他产生了极端的恨意。他给逃离的将军们判了死罪，国民也愈加害怕他。他们的统治者成了一个怪兽。

现在，国王的侍臣发现奉承和恭维不足以再让统治者满足，他们开始绝望了。后来，有一位侍从说："也许国王很孤独。也许他需要一个妻子。妻子或许会使他变得慈悲和仁慈些。如果举办一个舞会，邀请王国里最美的女子来参加，也许他会从中找到妻子。"

这个侍从很机智，他和国王说他们想要办一个舞会来歌颂他的统治。舞会会展现出他是个多么伟大的国王，也能让反叛国的统治者们嫉妒。国王很满意这个主意，还给了他们祝福。

尽管国民过着悲惨的生活，舞会的消息还是令许多人精神振奋。这样的活动可不常有。只要对王国稍有点价值的人都受到了邀请，周边国家的贵族也受邀了。侍臣们确信将有几百位公主、女公爵、女侯爵、女子爵、女男爵和贵族女士出席舞会。国王肯定会爱上她们中的一个吧？那么多女子中，一定会有一位能软化国王的心吧？

到了举行舞会的日子，一切都像想象中那么隆重、奢华和辉煌。但是，国王的反应却和侍臣们希望的相差很远。

他看到的女子没一个好到配得上他，没有一个是完美的。她们都有至少一个主要的缺点。"她丑，她胖，她太瘦，她太高，她太矮，她的鼻子是弯的，她的牙往外突，她太老了，她更老，她戴假发，她的脚真大。我该得到比她们更好的。"

一位美丽又谦逊的年轻女子，尤其令舞会上的人们着迷。但国王似乎对她的魅力不屑一顾，即使其他人都清楚地感觉到这位年轻女子对国王充满柔情。侍臣引荐她时，她羞怯地献给国王一件礼物——一件她亲手织的、有一百种不同色彩的斗篷。国王却只说了一句："我要这块破布做什么?"他站起身，把漂亮的斗篷抛到一边，大步走出房间，他离开王宫，来到远处的树林里，怒骂着没有一个舞伴值得他注意。

在王宫周围的凉爽的森林里，国王的怒气开始平息下来。闲逛了一会儿后，他来到一处又深又清的池塘，泉水流入池中，在月光下闪闪发光。国王不假思索地脱去衣服，滑入凉凉的水中。但是，当他充分恢复了精神，爬出池塘时，他恼火地发现他的王袍不见了。国王怒不可遏，他想知道谁敢偷他的衣服。谁会那么鲁莽? 会赔上脑袋的! 但是此时此刻，他能做什么呢？没有了衣服，他要怎样回到王宫？

当国王费力地思考着接下来怎么做时，他听到树下的灌木中传来一阵沙沙声，接下来是不祥的咆哮声。在那里，一头巨大的熊正绕着池塘向他走来。这头凶恶的动物肮脏、粗大、饥饿，显然国王将成为它的下一餐。国王身上没有可以防御的武器，他害怕极了。他就要死了，就要被这头令人生厌的动物吃掉了。那真的是他的结局吗？死在这个没有人找得到他的地方，而不是他一直想象的——肃穆地躺在王宫里，周围是仰慕他的追随者，整个王宫都哀悼他。这个想法令他难以忍受。

当所有的希望都看似破灭时，突然，不知道从哪里出现了一个陌生人。国王对他大叫，恳求他："救命！请救救我！"陌生人回叫道："我会救你的，伟大的国王，只要你满足我的一个愿望。""你想要什么都行！"国王尖叫着，他能感觉到熊喷到他脸上的灼热呼吸。

他话音刚落，陌生人跃到熊的面前，一挥剑杀死了熊。接着，他撕下熊的肮脏外皮，对国王说："伟大的国王，我将给你另一件衣服来遮盖你赤裸的身体。这块熊皮将是你所有的遮盖物、外衣，以及毯子。我救了你，我的愿望就是从今天起你穿上这块熊皮。不论你去哪里，这件新外衣都会和你在一起。"说着，他把熊皮扔到国王头上，它就像胶水一样粘在了国王的身上。

国王大叫一声，奋力想从这块肮脏、发臭的毛皮下挣脱。"把我的袍子还给我！"他命令。但是陌生人说："别白费力气了。你将一直穿着这件外衣，直到你懂得做国王和如何统治的真实含义，这样你的人民才能幸福和富裕。"国王站着诅咒他时，陌生人从他的眼前消失了。

国王不顾陌生人的话，继续企图扯下熊皮，但是无济于事。这层毛皮很贴合他，就像他自己的皮肤。他跑向池塘，心想也许能洗掉它。但当他看到自己在水里的倒影时，他停了下来。黑暗、肮脏的毛遮住了他的脸，他的牙齿又黄又吓人，他的眼睛又小又黑，看起来很凶恶，他的手指变成了爪子。他看上去就像个来自噩梦中的生物。

尽管如此，国王还是打算回到王宫。他相信只要他和守卫说话，他们就会认出他，让他进去。然后他会让他最好的谋士去想办法解除陌生人的诅咒。

但是，守卫看到这头陌生的动物靠近王宫大门时，就朝它扔木棍和石子来把它赶走。熊国王对他们大叫道："我是你们的国王，让我进王宫！"他们都笑翻了，这是王国里很多年都没听到过的声音。"为什么，陛下，"他们嘲笑，"你看上去真可爱，闻上去真香甜！这一定是找到妻子的好方法！现在给我滚，你这个怪物，要是回来我们就杀了你。"

熊国王震怒了。他们竟敢取笑他！他们竟敢嘲弄他！他们竟敢说他又丑又臭！他们中没有一个人同情他现在的状态吗？

国王被守卫追赶得走投无路，只能在国土上流浪。但是不管他去哪里，人们一眼看到他就会受到惊吓。就在不久前，他还是王国里最令人畏惧、最有权势的人，而现在他是头怪兽，遭到人类家庭的厌恶、受到威胁，人们都避开他。熊国王四处流浪，他开始意识到他给人民造成了多少痛苦。在到过的每一处，他都看到他们少得可怜的食物和钱，也看到人们互相之间多么猜疑。没有人说国王好话。事实上，他们把所有的麻烦都归咎于国王的傲慢和利己。"王国里有一个怪兽就够了！"他们一边说，一边把熊国王打出了村庄。

"我一直以来是多么自私呀！"熊国王现在想，"我相信每一个人都爱我，然而他们害怕我、鄙视我。我的王国里没有善良和怜悯，因为我用自己的残忍把它们赶走了。我统治着国民，而我本该为他们服务。我只配得到今天的处境。"国王曾经的傲慢开始退去，他变得谦逊、温和、善良。"当我看上去是一位国王时，我的内心是一头怪兽，"熊国王叹息，"现在我成了一头怪兽，我却知道国王该是什么样的。生命是多么奇妙哇，诅咒也能变成幸事。"

随着时间推移，熊国王逐渐习惯了流浪者的生活。哪里能找到工作他就去做——常常是没人愿意做的肮脏又讨厌的工作。哪里有睡觉和栖身的地方他就住下来。虽然他的外形还是一头怪兽，有些人依然害怕地逃跑，而另一些人认识到他对他们没有危险，因此他也遇到了许多善举。人们残忍地对待他、嘲弄他的时候，就让他想起自己的过去，并发誓不会再做那样的国王。人们同情他、给他食物和栖身处的时候，他发誓如果自己有朝一日解除咒语、重新成为国王，他也会像他们那样。有多余的钱和食物时，他就给那些处境比他还差的人。每次送别人东西时，他会许愿，希望他的善举可以使诅咒消散。他不再为自己的陌生命运感到痛苦，反而充分利用他拥有的东西，尽力去做他能做的事。他感到自己很强壮，能努力工作帮助别人，这让他很高兴。

一天夜里，熊国王流浪了很久后，躲进一个洞里。他非常饿，因为除了从森林里搜集来的树根和浆果，他已经好几天没有东西吃了。他在洞里发现了一个巨大的木头箱子，上面雕刻着复杂的图案，还覆盖着厚厚的灰尘。熊国王打开盖子，里面的金子和宝石一涌而出。他对自己的好运气非常吃惊。"我要回到来这里的路上经过的那家客栈去。"他自言自语，"今晚用它们换一顿好饭和一张温暖的床。"

但是，和以前多次经历的一样，熊国王敲响客栈的门，客栈老板拒绝让他进去，因为他的外貌会吓到其他客人。然而，当熊国王给她看了一些金子后，客栈老板的态度柔和了。"你可以睡在马厩里，别吓着马。"她说。但她还是让熊国王保证不让别的客人看到他。"你最好把马厩也打扫干净。"她补充说，"那里很脏，我找不到人来干这活。"熊国王很乐意地答应了，他已经习惯去做这些没人愿意做的事了。

客栈主人给他拿食物来时，熊国王已经清理、打扫、擦洗，擦亮了马厩，还铺好了新鲜、芳香的稻草来睡觉。但是，正当他要躺下休息时，他听到马厩外有轻轻的哭泣声。他悄悄起身，去看是谁发出的声音。他看到一位老人正在痛苦地啜泣。老人看到熊国王，惊叫一声，试图逃走。但熊国王温和地和他说话，请他来到温暖干净的马厩里休息。老人诉说了他所有不幸的起因。

老人告诉熊国王，他过去是个失宠于国王的贵族。他曾努力警告国王王国的情况不妙——人民又贫穷又不快乐，正在打算离开。而国王却不喜欢他的诚实。他把老人赶出王宫，还没收了他所有的东西，烧毁了他的房子。如今，老人只能沦落到乞讨食物和水的地步。"我老了，也累了，"老人哭着，"我活不久了。以后我的三个可怜的女儿怎么办？她们会饿死。"

熊国王知道是他造成了老人的痛苦后，心里充满了悲伤。"如果这是你唯一的难题，我能帮助你。"他说，"我有足够的钱。"他把一袋金子放在老人手里。

老人欣喜若狂，感激不尽。他要熊国王告诉他，自己能为他做些什么作为回报。熊国王叹了口气。"我很孤独，"

他说，"但是看看我的样子，谁又会愿意陪伴我呢？"

"我会!"老人立刻回答，"你来和我还有我的女儿们住在一起吧。我的家是个简陋的小屋，不过我们会腾出地方给你。我的女儿都很美，你可以从中选一个做你的妻子。如果她们知道你对我多么好，我确信她们中的一个会愿意做你的新娘的。是的，你不英俊，但你内心的美德才是最重要的。我肯定我的女儿们会认识到你有多善良。"

听了老人的话，熊国王喜出望外。他会有机会得到幸福、生活得好一些吗？他接受了老人的提议，跟随他去了他的住处。

他们到了老人的家。老人觉得他告诉女儿们他的许诺的时候，让熊国王在屋外等着会比较合适。老人解释发生了什么事时，大女儿透过窗户看到了熊国王。她尖叫着跑了出去，躲在花园里。二女儿也从窗户看出去，说："您怎么提议让这头怪兽做我的丈夫，父亲？他太丑了，我也没法每天和他在一起。我死也不会嫁给他。"说着，她悄悄溜走了，躲在地下室里。

然而，最小的女儿却说："父亲，从您告诉我们的事里可以看出，这个怪兽一定有副好心肠。善良的心比美丽的外貌更重要。我会很乐意他做我的丈夫。"说着，她打开门，让熊国王进来。

熊国王一看到这位年轻的女子，便马上认出她来。她就是舞会上送给他那件美丽的斗篷的姑娘。他想起他把斗篷扔了，连谢谢都没对她说。现在，他看出她既美丽又善良。第一次见到她时，他怎么没注意到这些？他想着自己现在看上去多么丑陋、卑鄙和肮脏。"为什么她不像其他人那样跑开？"他问自己，"为什么她愿意接受我做她的丈夫？"年轻女子靠近他，对他微笑，递给他一杯酒。这时他忍不住问："你为什么答应嫁给我这个怪兽？"年轻女子回答："我看到的不是怪兽。我看到的是一个同情、帮助我的父亲和他的女儿的人。对我来说，你是世界上最可爱的人，我会尽我所能去爱你。"

熊国王被她的话深深感动了。这位年轻女子愿意因为他的品质而爱他，而不是他的外表。她透过他丑陋的脸和可怕的、多毛的身体，看到了他真实、善良的内心。然而这些快乐的想法很快让他很悲伤。他还在陌生人的诅咒下，怎么能让这个可爱的女孩和他结婚？他叹了口气，对她说："我发誓你会成为我的新娘，但我还不能和你结婚。现在我不得不离开你。拿着这个戒指，它会让你记起我。我还有另一个和它一样的，我会每天看它、擦亮它，想起你。等我准备好了，就回来和你结婚。"然后，熊国王把戒指套在她的手指上，说："如果我不回来，我们的约定就会解除。因为如果我不回来，恐怕我是死了。"说完这些，熊国王就上路了。

可怜的准新娘看着熊国王离开，非常难过，眼中噙满泪水。她的姐姐们一点也不安慰她。她们甚至还嘲弄她、取笑她："你竟会答应和这头怪兽结婚？没人会相信你爱他。每个人都会嘲笑你。"但是小女儿尽力不理会她刻薄的姐姐们。每当她看着熊国王给她的戒指，擦亮上面的宝石时，她会低声对自己许下心愿："请保证他平安，直到他回到我身边。"

陌生人在森林救了国王的命，用诅咒把他变成了一头熊，而这件事又不可思议地被证明是件幸事，从那时起到现在，已经过去一年了。熊国王决心回到这场奇遇开始的地方——闪光的池塘去。或许陌生人知道他努力工作、慈善的行为，和他强烈的希望解除咒语的心愿。熊国王来到池塘后，对陌生人大叫："你在吗？我又来到了这里，我改变了许多。"一阵风吹来，陌生人站在他面前。"我觉得你看上去还是一个样，"他说，"你哪里改变了？"熊国王说："我走遍了这个王国，知道了我的骄傲和残忍、国民的贫穷和艰辛。我学到了善良和怜悯、仁慈和谦逊。谢谢你，我明白了诅咒可能成为幸事，一颗谦逊的心比国王的王冠更有价值。"熊国王说这些话的时候，咒语解除了，肮脏的熊皮从他的身上落下来，他的高贵长袍又出现在池塘边。

国王再次转身去感谢陌生人的时候，他已经消失了。国王穿上华丽的衣服，动身前往宫殿。当他来到王宫大门前，守卫还是曾经对他扔树枝和石头、赶他走的人。看到国王过来了，他们敞开大门，大声说："陛下！您平安无事！您没看到刚才在这儿的那头丑恶的怪兽吗？它自称是国王，还企图进入王宫。我们都怕它伤害您！"国王这才明白，陌生人的咒语让一切看起来就像他从没离开过。

舞会结束了。贵宾们都走了，王宫很安静。国王回寝宫的路上，注意到人们在他面前很畏缩，他们畏惧地转过头去，就像人们在熊国王面前惊恐地转过头去。他的心因懊悔和羞愧而感到沉重。现在他看上去是个国王，而人们却把他看作一头怪兽。"我要补救，"他对自己发誓，"我要让国民看到我的谦卑。我要让他们知道，我已经学会爱他们，我鄙视过去的自己。"

第二天，国王登上王座，叫来他最忠心的四个谋士。他给每个人满满一袋金子，吩咐他们："带着这些金子，去王国的东面、南面、西面和北面。帮助农民耕地、播种庄稼。帮助泥瓦匠修桥梁和人们的村舍。保证做清理、打扫、擦洗、擦亮的苦活的人都有食物、衣服和栖身之处。只要看到男人或女人给乞丐施舍，就给他们五倍施舍给乞丐的钱，并告诉他们'国王保佑你们'。如果你们遇到一个看上去既不是人也不是野兽，甚至连怪兽都不是的可怜生物，给它食物和庇护处，因为你们会发现它有一颗善良的心。"

人们充满了惊奇。他们的国王变了这么多！现在他不再阴沉、发怒、恐吓。现在他微笑，请谋士给他建议，聆听他们的话。现在，当他在王宫里见到国民，或骑马穿过街道时，会向他们问好。他停下来，称赞和赞美他们的工作、房屋、菜园和果园。"为什么，我们曾认为他是个自大又无情的怪兽，"人们彼此交谈，"但他让我们看到，他有颗温暖和关爱的心。"

一天，眼见国家的事务都已井然有序，国王叫来由八匹白马拉的王室马车，吩咐马车夫驾车去老人的小屋。老人看到曾经压迫他的人的马车停在家门口，吓得瑟瑟发抖，但他仍大胆地邀请国王进屋。国王温和地向他问好，问候他的健康，请他允许自己坐下，称赞他的家整洁又舒适——可以想象当时老人是多么困惑。他结结巴巴地感谢国王的称赞，然后问他可以为国王做些什么。令他吃惊的是，国王提出要见见他的三个女儿。"我知道她们都很美，"他说，"我决定娶你的一个女儿做我的王后。"老人很快把女儿们带来了。

听说了来者的身份和来的原因，大女儿和二女儿穿上她们最精美的裙子，急匆匆地赶去问候国王。她们互相推搡、踩对方的脚，努力争做第一个给国王倒酒和端上美食的人。国王礼貌地谢了她们，却几乎没有留意她们的微笑、傻笑和谄媚的企图。他在寻找小女儿，但她还留在厨房里，穿着最破的裙子，期待熊国王的归来，她很怕再也见不到他了。

国王终于不耐烦了，他问："老人，你的小女儿呢？""噢，陛下，"大女儿说，"您不必见她。她只会在厨房的炉火旁一边干苦活，一边闷闷不乐和哭泣。""更糟的是，"二女儿说，"她干苦活、闷闷不乐和哭泣，是为了一个非常丑的怪兽，她发过誓要爱它并和它结婚。"但国王的要求不可拒绝，他命令老人把最小的女儿带到他面前。

小女儿来到屋里，看见国王，她深深地屈膝行礼，不敢看他。她因为身上破旧的裙子和脸上的煤尘而颤抖。当国王伸出手去，握住她的一只饱经操劳的手时，她抖得更厉害了。他的一枚金戒指掉在她的手心里，戒指擦得很光亮，上面有一颗闪亮的宝石。这和她自己戴在手上的、熊国王离去时留给她的戒指一模一样！国王怎么会有这枚戒指？她凝视着国王的脸，在希望和畏惧间摇摆不定。

"是的，"国王说，"我就是你发誓会爱它并和它结婚的那头可怜的怪兽。我因为自大和残忍而受到诅咒。作为一个无家可归的人，我在王国里流浪了一段时间。不过，我受的诅咒却变成了一件幸事，因为我懂得了谦卑、谦逊和心地善良的价值。吸取了这个教训后，我恢复了人形，变回了国王。"

说着，国王把小女儿拉进怀里。当姐姐们发现自己刚才奉承的国王就是她们曾经嘲笑的、像野兽的一般的怪兽时，羞愧地跑出了屋子。

谁还会怀疑接下来发生了什么？国王和小女儿结了婚；幸福、繁荣和笑声遍及整片国土。人们和国王王后一样，从此过着幸福的生活。

狂妄自大

说来遗憾，很多公司的管理方式和这个故事开头时国王统治王国的方式一样，太多领导者都对员工表现出同样的傲慢和缺乏同情心。正如《熊国王》的故事里显示的，在有些文化中，对有权的人说真话是很危险的。在这些悲惨的、有毒的环境里，敢于这么做的人可能会丢掉工作，而不敢的人会和失效的管理体制同流合污。与此同时，敢于行动的人抓住了机会，以最快的速度脱离正走向覆灭的组织，在别处找到更适合的职位。像我们故事里的国王那样的领导者脱轨的根本原因就是狂妄自大，这扭曲了他们和他们周围每个人的自我看法和行动。

我曾有过一个"熊国王"客户。汤姆在管理时，假定别人都和他想的一样，而且他总是对的。他确实自认无所不知、从不犯错。如果他独自一人生活在世界上，这或许不是个问题。然而他正运营着一个大型工业企业的一部分，他的表现和行动影响着几千人。他的傲慢、自我中心、自负、自吹自擂、自感舒适、虚张声势和不逊，几乎无一例外地折磨着每一个人。他期望每个人都听从他的吩咐，让他的生活更轻松。公司里有些比较了解他的人相信，他靠着蔑视为他工作的人来掩盖自己的不安全感。然而，不论出于何种原因，他的行为正在导致严重的组织机能障碍和大量的员工流失。

汤姆担任亚洲地区首席执行官的时间越久，敢于和他有不同意见的人也越少。他们太清楚提出和汤姆相左的意见会有什么后果。他的火爆脾气是出了名的。他会为小事发脾气，甚至当众让员工难堪。虽然他的一些直接下属尽力为他开脱，说他只朝自己在乎的人大叫大嚷，但极少人认同这个观点。

汤姆从不承认错误。相反，即使他的过失给其他所有人带来了不良影响，他也逃避谴责。他明确地表示出对一切了如指掌，别人的意见都一文不值，要对付这么一个人非常难。每当他成功了，他会独占所有的功劳，从不认可他人的贡献，然而这样做毫无益处。他会公然诋毁他人的想法，让他们难堪；在别人的意见和他不一致时，他告诉他们要虚心听取不同的意见，这激怒了每一个人。难怪为他工作的人没有一个觉得自己被赏识。

汤姆感兴趣的是金钱、权力和威望。他爱出风头。汤姆的自我拔高倾向，在随地位而来的阿谀奉承中日益增强，这使他抛开所有可能有过的顾忌，让他变得愈加难以相处，愈加走向自我毁灭。

汤姆还是个中层管理人员时就令人难以接受，而成了区域首席执行官后他变得令人无法忍受。在事业方面越成功，他就表现得越没有原则。汤姆对付上级很有一套，这也解释了为什么他能做到现在的职位；然而此时，亚太办公室经营得不理想的事实已经很长时间未被注意。汤姆是个两面派，他对上级很谦卑，但对下属完全不讲情面。大部分为他工作的人都非常不满和消极。他们低落的士气反映在了公司下滑的业绩上。

最后，汤姆的自负为他应得的报应铺了路。首先，地区办事处的整修费用大大超出了预算，对于全球总部来说，这表示有什么地方出错了。而事情的导火索则是区域办公室的许多高管提交给全球人力资源部的投诉。他们觉得自己不会损失什么，于是鼓起勇气，记录了汤姆的行为的负面影响——不仅对财务状况，也对他们的情绪、身体和心理健康。汤姆被解雇了，同时，他的妻子也决心离开他，带着孩子去了她的家乡。

哪怕是汤姆的自负感，也没能在这场公然羞辱和个人痛苦中幸存。他仅剩的少数朋友中有一位认识我，建议他向我咨询，这样或许能帮助他克服抑郁。

尽管汤姆在收到反馈时并不开心，我还是帮他认识到他的行为对于他人的影响，以及一直以来他的自大对每个人包括他的妻子是多大的刺激。过了一段时间，汤姆在另一家公司谋得了一个职位，在那里他意识到建立一个新的领导品牌的重要性。他改进自我的旅途并不轻松，他需要抛掉很多失效的行为模式。不过，他最终理解了最为人诟病的领导者是那些无法承认他们不足之处的人。

狂妄自大的意思是对自我和自身成就的自大和不加修饰的骄傲，它是文学悲剧中永恒的主题。三大实例是索福克勒斯的《俄狄浦斯·雷克斯》、莎士比亚的《奥赛罗》和弥尔顿的《失乐园》。在那首伟大的诗中，撒旦决定"宁在地狱为王，不在天堂为臣"。这是个悲剧性缺陷，也在近现代史中真实世界的舞台上被一些人演绎，比如阿道夫·希特勒、贝尼托·墨索里尼、萨达姆·侯赛因和穆阿迈尔·卡扎菲。虚构的人物和非虚构的人都以同样的方式，得到了可悲的，而且常常是可怕的结局——但这本书里的是童话故事，告诉我们还有可能改变和救赎，所以《熊国王》有个不一样的结局。故事里的国王得到了第二次机会。他不仅获得了我们的同情，也学会了认识他的过失并做出弥补。那么，我们如何让现实生活中的狂妄自大的领导者也得到相似的幸福结局呢？我们怎样帮助他们在大局中保有谦逊的态度和辨别轻重缓急的能力？坦白说，高职位的人可能会出现失常的行为，所以领导者需要帮助，以保持理智。在谦逊和自大间找到合适的平衡，对身居领导位置的人来说确实是个挑战。如果平衡点朝自大的方向倾斜、远离了谦逊，由此引发的问题可能影响整个组织、社会或国家。

正如这个童话所阐明的，傲慢的自我有个贪婪的胃口。故事里的国王面对来自好几个王国的最美的女子，也找不出一个好到配得上他的。这种自恋得到的满足越多，它就越贪婪，直到永远无法满足。讽刺的是，最空虚的人通常是那些最自满的人。领导者很容易成为狂妄自大的牺牲者，所以永久的警觉是必需的。狂妄自大会形成一种刀枪不入的错觉，因此也会导致自我囚禁，真正狂妄自大的人无视每个获得道德忠告或共同判断的机会。身居高位的人很容易落入完全无视自身失败的状态。不幸的是，狂妄自大的人还常常发展成选择性耳聋。好的情况下，他们从不是好的倾听者，坏的情况下，他们只听他们想听的，而周围的人需要站对立场，以保证他们只听到他们想听的。一旦这些领导者停止倾听和参与有意义的对话，他们就成了自身厄运的书写者。

每天，新闻媒体里充斥着狂妄自大的灾难性后果的新事例。由骄傲、自负、自我欺骗、抗拒批判和集体思维（在公司或机构的情况下）形成的危险的混合物会促成这样的局面：主人公本着"我最清楚"的权威，几乎能犯下任何错误。

自　恋

狂妄自大是一种过度自恋的行为形式。在组织的环境下，自恋几乎普遍存在，因为当下的"自我的一代"愈发聚焦于获得个人满足和自我实现。我们必须解构自恋，才能理解狂妄自大。如果能理解自恋的起源和破坏性影响，我们或许能找到方法，把狂妄自大扼杀于萌芽之中。

自恋有健康的一面，也有不健康的一面。些许自爱是生存所必需的；如果一个生物体不寻找自我，它会死去。另一方面，对自我投入过多的关注可能有害。适量的自恋对我们维持自尊和发展认同感是必需的。我们需要它来形成积极的行为模式，比如果断、自信和创造力。但是，和其他很多东西一样，什么都得适量——过量的自恋可能导致自负、自我中心、自大、缺乏同情心、压榨、过分自爱和不良的边界管理。如果自恋的这些黑暗元素没有马上被刹住，产生的结果就是狂妄自大，正如我们所见，这个过程是极难控制的。

那么，我们怎样划清健康的自我尊重和过度的、膨胀的自我意识之间的界限？这从不是件容易的事。虽然在一般情况下，我们能够区分比较健康的（建设性的）和不太健康的（被动的）自恋者。我们将基于以下方面做出这项评估：个人的交际能力，他们表现出的对他人的想法和行为的真实兴趣程度，出现问题时他们为自己的行为承担个人责任的意愿。我们童话里的国王用了相当长的时间，经受了巨大的痛苦、身体和精神上的屈辱，才达到了健康的自恋状态。虽然如此，他还是做到了——故事所表达的寓意就是达到健康的自恋状态是能够做到的。

自恋者的基本特征是自大、不断寻求赞赏和缺乏同理心。自恋者是出了名的"关注找寻者"，他们想要荣耀、权力、地位和威望。因为他们对个人价值估计过高，他们相信享有特殊待遇是他们不可剥夺的权利。他们认为规则是为别人制定的，所以他们漠视社会习俗，经常表现出傲慢和轻视。他们几乎没有能力察觉其他人的、和他们不同的感觉或目的。即使他们察觉到了，也会假定他们的愿望将会优先于其他任何人的。这些行为特征疏远了不得不和汤姆一起工作或生活的人，就像故事的开头一样，国王的行为使侍臣和国民都疏远了他。

我们都会表现出自恋行为的迹象。事实上，适度的自恋是人有效地履行职能所必需的。也许我们都会想到我们描述为重度自恋狂的人，然而他们都很有才华，也为社会做了很大的贡献。是那些被极端的自恋行为——自大、傲慢、嫉妒、狂怒和心怀恶意所吸引的人败坏了自恋的名声，就像我们故事里的国王。如果这些人是企业里的领导者，他们也许会参与不切实际的、不道德的行为，因为他们相信不当的财务支出和特权是他们的权利。

过度的自恋产生在人生早期发展阶段受过某种伤害的人身上。父母曾给他们过度的激励、过少的激励，或反常的激励，其后果是他们没有得到顺利的发展轨迹所需的关注。适合阶段性的发展被打断，挫败的经历处理得很糟，父母对待孩子态度冷漠、冷淡、前后不一、过分放纵或过度赞赏。在这种不健康的环境下，孩子获得的是有缺陷的，而不是整合完好的认同感，此后他们很难保持稳定的自尊感。他们也更易受到狂妄自大的影响。

有这种倾向的个人经常扭曲外部的事件，来管控他们的焦虑，避开失落和失望感。为应对这些感觉，他们创造了一个"特殊"的自我形象。作为成年人，他们仍然表现得像寻求关注的孩子。他们有意识地或潜意识地有着强烈的需要，想要补偿他们在生命早期遭受的不公正待遇。如果他们在孩童时期遭到贬低、虐待，或身陷困苦中，成年后他们会决心让每个人看到他们有所作为。如果这个决心停留在为获得尊重而工作，或延伸为弥补过失，过度的自恋可能会结出健康的果实。如果它转化成了嫉妒、怨恨、贪婪、自大和恶毒，将结出着实酸涩的果实。

健康的和不健康的自恋间的分界点是什么？很遗憾，这个点比较难确定，因为它很大程度由环境决定。而识别越界很重要，尤其因为遇到一点都不自恋的、有效力的领导者或潜在领导者是极不可能的。

自恋的领导者的自信会产生有感染力的兴奋，对组织功能有非常积极的影响。但这也有个很大的缺点，这种兴奋感多半是暂时的，而且会迅速消逝。我们读到这个故事时，里面的国王正处于过度自恋的掌控中，但我们明白过去的他也许不是这样——或许他曾是个精力充沛、精明、鼓舞人心的人。他建立了一个大帝国，他的王国很繁荣，有卓有成效的智者和实用的基础设施。但是在某个时刻，国王越界了。如今，他看不见自己的目标，他的视界完全是自我导向的。随着时间的推移，一些有自恋倾向的领导者的行动逐渐显露出纯粹的短期机会主义，而最初他们曾被认为是大胆又富有想象力。在极端情况下，领导者失去了交流想法、解决问题、听取建议、接受批评，以及和解的意愿。组织跌入了恶性循环中，狂妄自大又多了个牺牲品。

对于所有领导者的一项主要挑战便是如何最好地为他们的员工服务。被过度自恋操控的领导者没有能力应对这个挑战。他们对别人非常挑剔，并把这当成一种高度有效的方法，以此来维持他们虚构的完美自我。他们漠视下属正当的依赖需要，反而利用依赖于他们的人的忠诚。他们就像故事里的国王那样无情，蔑视他人而非给予支持。他们的行为鼓励服从和被动，压制了员工的批判作用和真实检验能力。实际上，他们的缺乏担当、漠视他人和狭隘的自我利益必定将组织推向自我毁灭。最好的员工将会离开，而过度自恋的领导者会像熊国王那样，周围只剩下只说他们想听的话的谄媚者，和一群被吓住的无能之人。

预防措施

虽然很难准确界定自恋的行为从哪里开始变得危险，然而预先设定界限、设计出一旦问题浮出水面就能采取的措施，还是可以做到的。在组织也好，社会也好，太过集中的权力几乎都会不可避免地导致灾祸。我们大部分人都熟知艾克顿公爵的名言："权力易生腐败，绝对的权力绝对易生腐败。"他接着又说了一句不那么有名的话："伟人几乎都是坏人。"他还用几个"最伟大的名字和最大的罪行结合在一起"的实例证明了这个阴郁的想法。

在领导力周围设置界限，也就是引入相互制衡的体制，是企业治理的重要问题，它需要对组织里的领导者和其他利益相关者的角色进行清晰和具体的细化。例如，在商务背景下，它意味着罗列董事会的职责、定义成为总监所需的资质、设计合适的高管和总监的补偿机制、引入严格的董事绩效评估程序、实行健全的审计流程、改进董事会成员的选举、教育和评估，以及经过深思熟虑的领导继任计划。好的企业治理还必须考虑到员工和利益相关者的需要，必须建立一个鼓励他们参与企业决策的问责制度。这些措施将有助于权力的方程式保持平衡。在极端的寡头政治的企业结构中，领导者完全掌控工作议程——角色重组将防止这种企业结构的出现。

这听起来很不错，而且看似很简单。但是，对企业治理原理的关注是否足以防止领导者中狂妄自大的倾向？我们必须既关注结构和过程，也关注人。对个人出现破坏性的狂妄自大行为的可能性，我们要怎样提高意识？

首先，一旦达成坐进老板办公室的终极目标时，潜在的狂妄自大倾向很可能遍地开花。此时，任何来自同事和上级的对抗性压力都会失去力量。对于处于组织顶端的人来说，这种倾向往往和职位"合谋"：权力和过度的自恋结合在一起，把一个到目前为止看上去还通情达理的人变成了一头怪兽，就像故事开头的国王。在到达了这种令人陶醉的高度时，即便是健康的自恋者也可能误入歧途和倒退，虽然被动性的自恋者更容易被压制住。董事会成员需要持续警惕这种"合谋"的危险信号并划清界限，当证明高管行为有这种情况时，免职是终极的处罚。

由董事会成员给出的建议和培训常常能修正潜在的破坏性行为。如果失败了，或董事会觉得无法胜任这个任务，另一个选择是为有困扰的高管推荐外部的专业帮助。不过，即使其他人可以看出问题，领导者也未必能看出来。只有极少数自恋的领导者愿意接受专业的帮助。他们不愿意承认个人的不完美、倾向于责怪他人，这使他们不愿意暴露他们的弱点并伸出手去寻求帮助。

当他们下定决心向精神治疗师或培训师寻求专业帮助，

经常是被他们的痛苦所驱使——对生活的不满、无用感、无目的感，甚至被欺骗感。他们会谈到缺少有意义的人际关系、了无生趣、被日常惯例束缚。他们经常经历情绪波动，患上臆想出来的病。更常见的是，他们在生活中遇到重要的问题，这驱使他们来寻求帮助，比如分居、离婚或工作上的挫折等使他们陷入抑郁的人生插曲。高管和董事会识别这些抱怨代表着什么是很重要的，因为它们是推进改变的基础。

和自恋狂领导者共事永远不会轻松：培训师和精神治疗师将面临一场艰苦的斗争。自恋者不愿意为他们的失败承担个人的责任。那全是"其他人"的责任。"其他人"被嫉妒心驱使，设定不切实际的目标，把现实的目标也变得遥不可及，或是阻挠他们的行动。治疗师和培训师还必须提防自恋者的一些"能力"：他们会把培训师拉入"共谋"关系、带进他们相互钦慕的社交圈，同时强调所有非圈内成员的愚蠢。自恋者在这方面很擅长，也经常获得成功。

建设性反馈是治疗师和培训师工具箱里的一个重要工具，但它对自恋者的效果并不好。自恋者对轻微的批判暗示也高度敏感。前期要花很多时间和努力做准备工作，建设性反馈才能被接受。不合适的时机会给干预添上一个不成熟的结尾，它会有力地阻止帮助推进改变的进一步努力，就像这个故事里，国王对待谋士的方式使他周围的每个人都三缄其口。自恋的领导者要变得更善解人意，找出社会行为的合作形式，还需要时间。

在对极端自恋的个人进行干预的过程中，有时我们可能会渴望能施个咒语或出现一头非常饥饿的熊。但是，只要我们密切注意避开陷阱，陪伴客户经历转变的旅程可能是一件非常令人满足的事，就像熊国王的旅程那样。关键的挑战是不去理会他们陷入的杂事，让他们认识自己的责任，让他们意识到自己陷进了原始的自我防御之中。有狂妄自大问题的领导者必须戒掉他们对无限的成功和荣耀的幼稚幻想，促进构建更现实的、可实现的梦想，这将为他们的自尊奠定健康的基础。

如果我们抵抗住不被拖入和自恋者的"共谋"关系，对他们脆弱的自我感觉表现出同情和理解，自恋的领导者或许终将认识到出了问题，并为此承担个人责任。在治疗师或培训师做完这些基础工作，建立了足够的信任后，接下来就可以帮助领导者提升在不惧怕拒绝或丢脸的前提下为他人着想的能力。这个过程将会涉及更稳妥的自尊感，它会转而提高个体寻求更多个人亲密关系、移情、创造力、幽默和智慧的潜能——这些都是有效领导力的基础。然而，被欺骗、被压榨，或在儿童发展关键期被操控引起的创伤是没有快速治愈的方法的。正如我们在《熊国王》的故事里看到的，治疗自恋者是一个漫长而艰难的过程。如果这个过程失败了，落败的自恋者和其他人都将在幻灭和破碎的梦想中付出代价。当对利己和自我实现的健康追求转变为专注自我，自恋者就开始把其他人看作只是实现他们的自私需要和欲望的手段。其他人失去他们的内在价值，变成了商品。但是，如果自恋行为能够被限制，使其具有建设性，它可能会成为推动组织成功的发动机。

狂妄自大测试

以下问题测量和你的自我价值程度有关的因素。用"**是**"或"**否**"回答。

1. 你喜欢拥有控制他人的权力吗？

2. 你是否关心形式和形象？

3. 你有影响别人的天赋吗？

4. 你容易感到厌烦吗？

5. 你喜欢成为关注的中心吗？

6. 你觉得你很特别吗？

7. 对你来说，得到你认为应得的尊重很重要吗？

8. 你是一个喜欢炫耀的人吗？

9. 你认为你比大多数人更有能力吗？

10. 你常常认为规则不适用在你身上吗？

11. 你不喜欢被批判吗？

12. 当事情出了问题，是否通常是别人的错？

13. 你关心别人怎样看你吗？

14. 你觉得读懂别人容易吗？

15. 你是否相信你做什么都能成功？

你回答"**是**"越多，你就越有狂妄自大的倾向。高分（高于 10 分）可能暗示你任性、自我中心，甚至自负。你也许过度地专注于自我。

通常，狂妄自大会给你自己和其他人带来问题。如果你无法理解他人的需求，主要关心的是自己的利益，冲突将不可避免。充满自信本身不是一个坏的特征。为了更大的利益去领导和服务，这样的雄心壮志是个优秀的品质。然而，过度的自信则会导致傲慢、特殊感、过高地估计你对他人的作用，以及权力意识。不过，意识到你容易变得狂妄自大将是重要的第一步，它会让你能够注意自己的行为迹象、修正个性的缺陷。

第 4 章

和蔼的丑老妇，
如何发挥人的最大效能

动机是一门艺术：让人去做你想要他们做的事情，
而原因是他们自己想做。

——德怀特·艾森豪威尔

动机使你开始行动，习惯使你坚持前行。

——吉姆·莱文

即使摔破了脸，你仍在前行。

——维克多·凯恩

很久以前，有个女人，她有两个女儿。一个女儿又美丽又勤劳，而另一个又丑陋又懒惰。然而，在两个女儿中女人却喜欢又丑又懒的那个，因为那是她的亲生女儿。又丑又懒的女儿被当成公主对待，而继女却像个苦工一样为家里干活。继女所做的大大小小的事，没有一件做得够好。继母责骂她，批评她。"别那样做！"她说，"再做一次，这次要好好做！"然而她从不解释女孩哪里做错了，或怎样才能做得更好。

生活对继女来说很艰难。她一直吃不饱。她要做很多家务，几乎连睡觉的时间都没有。妹妹吃的是桌上最可口的食物，而继女只能吃剩饭剩菜。她穿得破烂不堪，而妹妹穿着能找到的最好的面料所做的最精美的衣服。当妹妹坐在客厅里炫耀她华丽的服饰时，继女却被赶到厨房里。继母会说："谁想要一堆破布在客厅里？让她待在厨房，老老实实地干一天活，又脏又懒的孩子。"

可怜的继女天还没亮就得起来去井里打水、拾柴、生炉子、开始做饭和洗衣。她的活干完时，天又黑了。如果这些还不够，继母和妹妹就会折磨她一整天，找她的碴儿，想出额外的差事，催促她更快地做每件事。夜里，她没有床，只能躺在炉边的灰堆里。虽然继母从不感谢她或称赞她，可怜的女孩还是尽最大的努力去做每一件事，努力让继母和妹妹开心。

秋天来了。有一天，下了很多雨后，女人让继女去森林里采野蘑菇。她详细地指示她走哪个方向，威胁她如果走错了而没能带回蘑菇，她将会受到各种惩罚。但是事实上，继母已经计划好让继女迷失在森林深处，那里的野兽会把她撕成碎片。"早该如此，"恶毒的女人对自己说，"这样就能少一张嘴吃饭了。"

女孩牢牢地遵循继母的指示，走进了森林，四处寻找珍贵的蘑菇。可是她一个也找不到，小路一直带她走得越来越深，进入了最阴暗的森林深处。干枯的树叶在她脚下发出噼啪声，光秃秃的树枝紧紧地缠绕在一起，密得连阳光也无法透过它们照到森林的地上。很快，女孩发现她迷路了。天越来越暗，风吹的声音像狼在嚎叫。下起了大雨，把她淋得浑身湿透。然而女孩还在继续走，她对自己说："我必须为继母找到野蘑菇。"

最后，她走不动了，在一段原木上坐下来休息。"我要怎么做？"她流着泪，"我怎样才能找到回家的路？没采到蘑菇我怎么能回去见继母？她会大发雷霆，残忍地对待我。"
她哭泣的时候，看到一条小红蛇被石头压住了尾巴，正在
挣扎着逃脱。"可怜的小蛇，让我来帮助你。"女孩说。她快
速掀开石头，小蛇快乐地滑走了。

女孩集中起剩下的所有力气，再次起身走进森林，仍
然四处寻找野蘑菇。突然，她听到周围散落的叶子里传出
瑟瑟声。有一只红色的小乌龟朝天躺着，徒然地挣扎着要
翻身。"可怜的小乌龟，让我来帮助你。"她说着，用力推了
乌龟一把。乌龟翻了过来，摇摆着身体愉快地爬走了。

女孩继续往前走，直到听到一只鸟儿动听地唱着歌，
这使她立刻提起了精神。她追随声音，来到森林里的一片
空地，那里有一只美丽的红鸟正坐在树枝上，全身心地歌
唱着。女孩有生以来从没听到过这么美妙的歌声。她听的
时候，鸟儿张开翅膀飞走了。女孩像着了迷似的，跟着鸟
走进森林更深处。正当她觉得自己没法再继续走了，她看
到黑暗中微光闪烁。让她大为吃惊的是，她在两棵树的大
树干中间看到一个被火光照亮的入口，那里有一扇敞开的
大门。美丽的红鸟就站在门上。

"是你把我带到这儿来的吗，鸟儿？"女孩问。鸟只对

她伸了伸头。"我很累，"女孩想，"或许我能在这个地方休息一会儿"。"我可以进去吗，鸟儿？"她又问。鸟只是目光闪烁地注视着她。"好吧，我进去，"女孩肯定地说，"一有不对劲我就退回来。"她穿过大门，发现自己在一座城堡的宽敞又装饰精美的大厅里。

正当她站着疑惑自己在哪里和接下来要做什么时，她听见脚步声朝她的方向传过来。从阴影中走出一个很老很老的妇人，她有很细的腿、大大的鼻子和尖锐的金属牙。女孩很害怕，转过身去要逃走，然而丑老妇叫住她："你怕什么，亲爱的孩子？留在我身边。你一定又饿又累。我会给你好吃的食物，也会给你活干。如果你为我工作得好，我不会让你不快乐。"丑老妇虽然看上去很可怕，说话却那么温和，所以女孩谢了她，答应留下来为她工作。

丑老妇把女孩带到摆满了食物的桌子前，让她尽情地吃喝。然后她说："我有一大群牛，还有个很大的谷仓保护它们不受狼和熊的伤害。但我已经没力气把奶牛赶进去挤奶了。你能帮我做这件事吗？"

女孩毫不犹豫地拿起长棍子和挤奶凳，去草地里把牛牵进来。很快，谷仓里就满是哞哞叫的牛和新鲜牛奶的香甜气味。丑老妇喜出望外，称赞女孩做得真好。

挤奶完成后，丑老妇说："我答应过住在森林中央的巨人，给他一些纱线做毯子过冬。你能帮我纺纱吗？"女孩盼望着让丑老妇看到她能做的事，很快，几大束纱线放在了丑老妇的脚边。丑老妇很高兴，又一次称赞了女孩的工作。

接着，丑老妇又说："我邀请了森林里所有的巨魔来喝茶，答应给他们吃果酱馅饼，可我没有面团。你能帮助我吗？"很快，女孩卷起袖子，开始称重、和面、压平、切面、烘烤面团，厨房里满是热乎乎的果酱馅饼的香味。丑老妇很惊讶，又一次称赞了女孩的工作。

从那时起，女孩很认真地做丑老妇吩咐的每件事，因为老太婆对她很友善，还把她照顾得那么好。即使女孩犯了错，丑老妇也从不气冲冲地说话，而是告诉她应该怎么做。如果事情做得不如预期，她会和女孩解释怎样用不同的方法做。丑老妇每天给女孩最美味的食物和饮料。不久，女孩就开始注意到让丑老妇的城堡更为舒适的方法。在没有人要求的情况下，她拍打和清洗地毯，缝制新窗帘来抵御寒风，从果园里采摘和保存新摘的水果，把鹅养肥为节日做准备，为春播开垦好菜地。每当丑老妇看到女孩在干这些自己找来的活，就会感谢、赞扬、鼓励她。每次丑老妇赞扬和感谢她，年轻的女孩就决心为她做得最好。

年轻的女孩在森林的城堡里很愉快，她在丑老妇的身边留了很长时间。但是，一段时间后，她开始不安。她还没有采到继母要求的野蘑菇。继母和妹妹一定以为她迷路了，或是更糟——被熊或狼撕成了碎片。她们会生气和担心。虽然女孩和丑老妇在一起比和继母还有妹妹在一起要快乐一千倍，她还是觉得她必须回家。

当她把这些告诉丑老妇时，老太婆看上去并不惊讶，她回答说："我很感谢你一直以来为我做的事，你做得那么好，又那么忠心。你总是尽最大的努力，你为我做的每件事都让我很开心。你有一颗金子般的心。你还记得吗？你来的路上帮助过陷入困境的蛇和乌龟，即便那时你自己也身处很大的困境中。这些事我都知道，红鸟都唱给我听了。"

"为了回报你为我和其他人做的所有好事，我将给你这件魔法斗篷和这把魔弓。每次你把手伸进斗篷的口袋，就会找到你应得的东西。每次你用这把弓瞄准，它的箭就会找到目标。"

然后，丑老妇拉着女孩的手，带她来到两根树干间的城堡入口。大门在她身后关上了，她立刻发现自己已经在继母屋子旁边的森林边缘了。

女孩把左手伸进斗篷的口袋，掏出一把新鲜的野蘑菇。而当她把右手伸进另一只口袋时，掏出满满一手的金子。同样的事一次次发生。女孩明白了，丑老妇在帮助她变得富有，摆脱继母的残暴对待。她踏进自己度过许多悲惨日夜的厨房，把蘑菇放在桌子上，在没人看见的时候又溜走了。

女孩明智地使用她的新财富。她用她的魔法财富帮助了那么多人，变得远近闻名。连国王都听说了她的善良、勤劳和慷慨。继母和妹妹当然也听说了。"她在那里帮助所有的人，她为我们做过什么？"继母恶狠狠地说，"我给她食物来满足她贪吃的胃，给她屋檐来遮蔽她忘恩负义的脑袋。她留给我们的只有一堆蘑菇。我要把她引来，让她把一切都告诉我们。"

继母很精明，她给女孩寄了一封充满感情的信，在女孩到来时又热情地欢迎她。但是，交谈了一会儿后，她忍不住脱口而出："你怎么会如此富有？马上告诉我！"

当继母听了女孩的故事——她怎么在森林里发现城堡、

为丑老妇工作、得到魔法斗篷和弓后，她心想："为什么我的亲生女儿没遇上同样的事？为什么她不去和丑老妇一起生活并变得富有？为什么是我的继女得到了所有的金子？这不公平！"

继母命令她的女儿去森林，找到丑老妇。"你不必久留，"她说，"只要做一段时间她吩咐你做的事，然后告诉她你想家了，要走了。她就会给你魔法斗篷和弓，然后我们就会像你的蠢姐姐一样富有了。"不过她的女儿可不容易说服。"我不想去给那个老巫婆干活，挤奶、纺纱，还要为可怕的巨人做馅饼，那会毁了我漂亮的衣服。"她说。但是她的母亲又唠叨又威胁，终于如愿以偿地让她去了。

懒女儿极不情愿地走进森林，嘴里一直嘟嘟囔囔。不久，她突然看到一条小红蛇被压在石头下面。"呸！"懒女儿大叫，"我讨厌蛇！希望它赶快死了！"她继续往前走，任由蛇痛苦地扭动身体。随后，她发现一只红色小乌龟无助地朝天躺着。小乌龟挥动四肢、从一边转到另一边，懒女儿却在一旁大笑。"祝你好运，蠢家伙！"她说着，继续往前走。但当她听见红鸟唱歌，她想起要像姐姐那样做，于是她跟随红鸟来到通向城堡的魔法大门前。

　　和姐姐不同的是，懒女儿知道会发生什么。当看到可怕的丑老妇出现时，她一点儿也不害怕。她接受了丑老妇的提议，在她的家里留下来。像姐姐一样，她得到了把奶牛从地里带进谷仓、给它们挤奶的任务。起初，想到将会得到金子作为回报，她就非常努力地去做。但她很快就放弃了。谷仓里充满了不愉快的奶牛的吼叫声，它们都很需要挤奶。"尊敬的女士，"她对丑老妇说，"您瞧，我穿着皮鞋和丝绸长裙，不适合干这活。也许您有别的更适合我的工作？"

　　丑老妇让懒女儿帮忙为小妖怪的毯子纺纱，她却无精打采地试着转了转纺锤，很快放弃了。"唉，这活不适合我干，"她对丑老妇说，"纱线烫到我的手指，我的胳膊很痛。没有别的我能做的事儿吗？"

　　丑老妇把懒女儿带到厨房，对她说需要发面来给巨人做果酱馅饼。"亲爱的夫人！"女孩大笑，"吃点心是一回事，但做点心算什么？恐怕这活也不适合我做。"丑老妇每次给懒女儿其他任务时都会出现这样的情况。最后，在女孩自己提出要走之前，丑老妇早就厌烦她了。

　　当丑老妇同意懒女儿回到她原来的世界时，女孩很高兴，她暗自想："我很快就要得到魔法斗篷和装满金子的口袋了！"

丑老妇把懒女孩带到隐藏的门前，正如女孩期盼的，她给了她一件斗篷和一把弓。"这是对你干的活的报酬。它们会给你你该得的东西。"女孩跨过门，很高兴地发现自己又在家里了。她急切地把手插进斗篷的口袋，拉出左手时，手里满是灰尘，拉出右手时，手里满是沙子。同样的事发生了一次又一次，但就是没有金子。懒女孩又气又恼，惊声尖叫。

懒女孩在丑老妇那里的时候，一条龙闯进了王国，开始在乡下游荡，吞食人们的羊和牛，用爪子擒走孩子，带回它的洞穴吃。

人们请求国王帮助，但没有一个谋士能告诉国王要怎么做。虽然国王的很多勇敢的骑士努力过要杀死龙，但他们都被龙抓去吃掉了。国王把信使派到各地，宣布成功杀死龙的人将得到王国里他或她想要的任何东西。

继母怒不可遏，因为她最心爱的女儿得到的魔法斗篷没有使她们富有，然而现在她看到了另一个获得名望和财富的机会——懒女儿还有把魔弓。她交给女儿一袋子箭，把她推到野外，等待龙的下一次袭击。她说："我知道这种魔法——它每次都奏效。只要放出箭杀死龙，国王就会让我们成为这片土地上最富有的人。"

果然，龙从洞里出来突袭，期盼着抓到下一餐。懒女孩从袋子里取出一支箭，拉开弓，直直地瞄准龙射了出去。但令她沮丧的是，箭没有射中龙，反而转了一整个圈，砰地一声落在她脚边的草地上！绝望的女孩一次次拿起箭，拉开弓，瞄准射箭，但是每次箭都直接飞回她站着的地方。龙对有人要伤害它很恼怒，俯冲下来，用爪子抓住懒女孩，把她带到洞穴，准备做它下一餐的食物。

继母强忍住痛苦，跑到继女那里，"龙把你的妹妹抓去当晚餐了！"她大叫，"带上丑老妇给你的魔弓去救她。"

女孩立刻跨上马鞍，骑去龙洞穴的野山里。入口的地上散落着受害者的骨头和盔甲，龙躺在中间，正在熟睡。女孩鼓起所有的勇气，蹑手蹑脚地经过打鼾的野兽，尽可能不发出声音。在洞穴深处，她能听到妹妹绝望的呼喊声，她被龙锁在一个笼子里。

然而，龙只是假装睡着，它听到女孩靠近，发出一阵可怕的咆哮，飞到空中，准备猛扑向入侵者并吃掉她。女孩从她带的袋子里取出一支箭，拉开魔弓瞄准龙。箭又快又准地飞出去，不偏不倚地射在龙的心脏上。野兽倒在地上，死了。女孩跑向笼子，放出妹妹，然后取了龙尾巴的尖头，作为它死了的证明。姐妹俩上了马，回到王国。

人们看到龙尾巴，知道这头可怕的怪兽死了，整个国家欢欣不已。女孩被带到国王面前，国王提醒她，他将用任何她希望的方式回报她。年轻的女孩的回答很简单："陛下，我想成为您的妻子。"就这样她和国王结了婚，举办了婚礼，他们从此过着幸福的生活。

激励的难题

我曾认识一个叫多萝西的女士，她的天赋是发挥别人最糟糕的能力。

由于多萝西释放的负能量和她榨干员工所有热情的高超本领，她在公司里被称为"压力计"。整个过程从她进办公室大门开始，她无视别人的问候，用最快的速度和他们擦肩而过，而且从不正视别人的眼睛。

多萝西的人际交往能力如此之差，真不明白她是怎么登上首要管理职位的。她的办公室大门紧闭，一天的大部分时间似乎都花在电话上。虽然她的名字经常出现在备忘录和电子邮件里，人们却很少看见她。她不跟人互动，也不愿意指导低职位的同事。多萝西对职场唯一的贡献就是负面的社交氛围。

多萝西是个无效的沟通者，她有（有意识或无意识地）隐瞒信息的习惯，这使她的员工很难做出正确的决策。她自己也无法做出决策。如果有人不理解她演示的某个问题，大胆地请她解释清楚，她会以嘲讽方式来回复，显露出"我怎么老是要重复"的样子，叹气或翻白眼，让人觉得他们在浪费她的时间。她在设定标准上的无能加剧了她的不明确性：因为她提出的每项工作都是优先任务，最终大多数和她一起工作的人会假定根本没有什么优先任务。

多萝西也绝不是寻求精神支持的正确人选。她缺乏和他人互动所需的敏感、意识和倾听技巧。而且，她从不因为工作做得好而感谢任何人。琢磨出她是否满意都靠猜。她的员工没有一个感到被重视。

多萝西的同事理所当然地认为她在工作之外有严重的情感问题和痛苦的生活。因为她如此难以相处，他们都假定她没有朋友或恋人。

　　最后，虽然要改变她很难，他们还是决定至少要努力帮助她。他们和公司都要获得成功才是关键；他们不想成为她的受害者。他们觉得自己没有选择，只能弥补她不足的领导力。他们希望，如果找到能与多萝西的风格共事的方法，她会向他们的例子学习。

　　他们决定简化多萝西的工作。要做决策时，他们会把简单的选择摆在她面前。通过创造多萝西在做选择的错觉，他们会使自己在公司的工作更容易些。如果一切顺利，这个策略或许能帮助多萝西学习如何更有效地管理。他们的战略出乎意料地见效了。一旦急躁被从多萝西的行为中剔除，她就变得不那么焦虑，成了一个更容易合作的人。随着时间推移，她变得愈加乐于助人。

　　激励员工为他们的工作和组织发挥最大的潜能，是领导者要完成的最重要事情之一。一般来说，激励人的力量有两种：内部的（或内在的）和外部的（或外在的）。内在的激励因素包含的是单纯的满足感，来自我们喜欢做的事，或把我们做的事看作探索、学习、自我实现的机会——换言之，就是因为事情本身而去做。外在的激励因素是诸如金钱、地位和名望之类的东西。这两种激励因素的主要区别是：外在激励因素来自个体以外，而内在激励因素来自个体内部。

大多数领导者觉得解决外在激励因素比较容易，因为那主要是财政方面的。在组织内部，人们做了很多努力，将个人的经济利益和组织绩效联系在一起，诸如办公室儿童保育、运动设施、医疗保健的额外待遇和其他有积极激励作用的福利。然而，使用这些激励因素的负面效应是它们可能对无法享受这些福利的人产生消极的影响。

这个童话讲的都是关于激励和发挥人的最大效能。两姐妹中的一个很擅长做丑老妇交给她的活。丑老妇对第一个女孩用了合适的发展步骤，让她能够发挥她的最佳能力；丑老妇在第二个女孩身上的所有激励努力都白费了——因为她的过往注定了她的失败。

考虑到外在激励因素的影响相对有限，内在激励因素如有趣的工作、精神上的鼓励、更多的学习机会，比单纯的财政激励强大得多。领导者要认识到，软硬兼施的激励方式的影响是有限的。事实上，为丑老妇干活的勤劳的姐姐并不知道活干完后会有物质回报。尽管妹妹知道魔法斗篷，却不能全力以赴去做。她母亲的养育方式制造出了一种"训练有素的无能"的状况。

发挥人最大的效能，意味着知道如何鼓舞他们，帮助他们站在自身角度之外进行思考。要做到这点，为了吸引他们发挥更高的价值，创造意义是必不可少的。想要让人做出非凡的成果，领导者要提醒他们看更大的图景——我们都想看到自己的这片拼图如何填到整个情境中去。正像作家安东尼·德·圣-埃克苏佩里曾说的："如果你想要建造一艘船，别召集人来收割木材、分工、下命令，反倒应该教他们向往广阔的、无边无际的大海。"

为了确保员工相信这幅更大的图画，领导者也必须定期为他们提供关于组织正在做的事的更新信息。这种组织透明度是发挥人的最大效能的关键因素。故事里的丑老妇用适宜的方式，尽力为两位为她干活的年轻女孩做到这点，而邪恶的继母仍停留在软硬兼施的激励法上。即使如此，丑老妇的方法对于懒女孩也没有成功，她的习性已根深蒂固到无法改变。

领导者必须能够鼓舞员工伸展自我，变得比他们想象的更好。这个故事表现出，相对于恶毒的继母，丑老妇更懂得如何发挥继女的最大效能。她激励她做到最好，虽然面临的挑战相当难，年轻的女孩还是很感激能有这样的机会，而且一段时间后，她的确找到了能做得更多的方法。

毕竟，她处于和继母在一起生活时不同的领导模式中，那时她从没有因为活干得好而被称赞。而且，她似乎没有一件事做得足够好。更重要的是，她从没得到过如何把事情做得更好的建议（并不是说做得更好会得到认可），士气也非常低落。多萝西的所作所为也对员工有同样的影响。虽然她还不至于密谋让他们垮台，但她的态度榨尽了他们所有的想象力和主动性，导致他们的斗志和绩效都摇摇欲坠。

领导者要牢记，为他们工作的人想要被当成个体来看待、被赏识、得到成长和发展的机会。当然，如果个人心里建起了对于工作价值的发展基础，那也确实有帮助。懒女孩还不知道工作的价值是什么时——即使在为丑老妇那样有才能的导师工作的时候，而她勤劳的异母姐姐无需太多鼓励就能驾轻就熟，正是因为她将努力工作的价值内化了。

发展之旅

领导者测试员工，给他们挑战去克服。例如在这个童话里，森林可以被看作一个象征性的评定中心，在那里一个候选人获胜而另一个输了。森林代表着我们都会面临的未知挑战。在童话的世界里，有熊、狼、妖怪、仙女、巫婆、洞穴巨人，或其他可能在任何时候伏击旅行者的魔法生物。现实世界中生活的挑战和职业生涯中的挑战是不同的，但是，谁也不知道我们会在哪里迷失自我和找回自我，就像故事里的两个年轻女孩那样。进入森林的旅程拥有改变人生和改写命运的力量。

这个童话还告诉我们，在两个年轻女孩和森林里遇到的魔法生物的互动中，如果回应方式正确，她们就能获得一些重要和有益的东西。探索中的人（就像新生的领导者）需要寄托和支持，偶遇的魔法生物（就像在组织里，人们假定的指导人或培训师的角色）根据某些任务的完成情况，可能提供或拒绝给予这些寄托和支持。故事里的丑老妇给继女做了一次优秀的领导力培训师。然而，因为这是个童话，她也可能以欺骗和古怪的方式对待不成器的异母妹妹。

小说家马克·吐温曾说："远离那些贬低你的雄心的人。小人物往往如此，但真正伟大的人会让你觉得你也能变得伟大。"如果领导者设定高的绩效期望，员工也能实现更多。虽然这些期望不是一直被公开讨论，但它们能通过有选择的话语或行为，被含蓄地传达。但是，不论它们是否被公开传达，高的绩效期望对组织的成功来说是至关重要的。假设雇员会回避工作的领导者只要一有机会，就会尽力指导和控制他们。对领导力真正的测试是用积极的、有建设性的方式重新规划要做的事，并以这种方式来激励为你工作的人，这样他们会准备好付出最大的努力。人抗拒被控制，因此软硬兼施的方法的价值是有限的。

当人被告知要做什么，当他们处于微观管理下，他们无法为工作付出最大的努力和精神，因为他们不会对被要求做的事的内涵有足够的认识。给人更大的自治权，远比设计一个用来强迫他们达到他们不理解的目标的体制并强加给他们好得多。微观管理是职场里最快滋生怨恨的方式之一，主要原因是它传达了"缺乏信任"。

人喜欢对他们做的事有发言权。他们不喜欢被他人监控。当领导者放手——当他们不拘泥于控制他人，他们会创造一个员工能更随意地提建议的环境。这将创造一种鼓励员工提出新想法的企业文化，它能够改善组织的运作方式。让员工参与做决策的过程将有助于识别潜在的领导人才。这个方法会对组织的未来成长有帮助。通过授权的方式，领导者能够把精力集中在增值的工作上。

皮格马利翁效应

我们期望别人做的和他们实际做的之间有很高的相关度。相信他们是最好的人，往往能让他们显露出最好的一面。这个现象被描述为皮格马利翁效应。但是它有利也有弊。如果领导者对他们的员工期望很低，他们可能在无意中损害员工的表现。这个现象被称为高莱姆效应。

"自我实现的预言"的理念是这两个现象的一个重要部分。认为自己没有价值或对他们的能力和才能有负面认知的人，通常不能发挥他们真正的潜能，把自己禁闭在自己强加的限制里。与此相反，有积极的自我意象并相信他们去做什么都能做成的人很则容易获得成功。

温斯顿·丘吉尔说过："失败不是致命的。"作为领导者，创造这样的组织文化很重要。我们所有人在学习的时候都会犯错，而唯一真正的失败是不去尝试。任何有所作为的人都在途中失败过。领导者必须对员工强调这一点：他们都可能在失败中前行，而且失败会被原谅——当然，除非反复犯同样的错。如果是那样，就得紧急找出其他的原因。

宽恕是强有力的。真正的变革型领导者能敏锐地意识到记恨的代价有多大，以及不宽容的态度是如何阻止员工前进的。不能原谅别人的人可能陷入消极的恶性循环中，还会把周围的每个人都拖下水。愤怒和怨恨把我们变得渺小、有限和狭隘。宽恕是释放和开怀。学会宽恕，才能前进。

领导力的黄金原则是"己所不欲，勿施于人"。经过了几个世纪，这条原则依然有效。它的现代版本也许是"言行一致"这句箴言。领导者需要树立榜样。如果他们做不到言行一致，就会造成困惑。但是，如果他们以身作则，他们就会激起热情，激励员工更努力地工作。角色榜样很容易被忽视，而它却是人员参与不可或缺的部分。

而且，员工做得好的时候，赏识和称赞他们的业绩是必不可少的。人都喜欢被赞扬。情感的吝啬不是明智的人才管理策略。员工想要知道他们做得好，他们是有价值的。（当然，前提是他们确实做得好，而不是空虚的赞扬。）如果员工已经做得很好了，鼓励能使他们创造奇迹。称赞和鼓励并不昂贵，但它们具有高度的激励性。对过往成功的认可是未来成功的强大动力。员工也感激任何形式的正面认可。

对一个人未来的职业道路真正感兴趣，也有很大的激励价值。人喜欢感到他们在发展；喜欢学习新技能、获得对他们将来有用的经验。拥有这些机会能够满足他们探索和激励的需求。激励的一个重要部分是对职业发展的支持。当员工开始觉得他们在现在的岗位上停滞不前，他们离开组织的可能性就会增加，而员工离职的代价是很高的。

领导者也要尽力真诚地关心员工的工作与生活的平衡，考虑到他们的家庭义务。他们关心职场之外的关注度，将会令为他们工作的人不胜感激。

领导力培训

培训员工永远是项挑战。有些人很难对付，就像这个童话里的懒女孩。总有一些人"不得要领"。无论怎样指导、支持、指示他们如何用不同的方式做事，他们都会退回到过去熟悉的功能失常的行为模式中去。毕竟，改变习惯对我们大部分人来说不容易做到。人需要经过频繁的重复，才能舒适自在地运用新的做事方式。偏离轨道时，他们需要支持和鼓励。

领导力培训也许是帮助高管把事情做得更好的一种强有力的方法。培训不是告诉别人做什么或为他们解决问题，而是问他们恰当的问题，使他们能够学习自己去做。提问指引人思考，也帮助人改变。

大部分人的人生中的悲剧是，他们远比自己想象的好，最后的成就却比他们能得到的少得多。好的培训师在客户身上看到的天资和才能比客户知道的还多，并且帮助他们发挥出来。

人员培训很耗时，但是如果做得好，他们会竭尽全力地去解决遇到的问题。培训的目的是帮助人们看到自己内在的才能。正如德国作家和政治家歌德所写的："按一个人看起来的样子来对待他，你会把他变得更糟。按他在发掘潜能后可能达到的高度来对待他，你会让他达到这个高度。"

激励测试

以下问题测量你在发挥别人的最大效能方面的效果如何。请用"**是**"或"**否**"回答。

1. 你关心其他人的福祉吗？

2. 你随时准备着称赞他人的工作吗？

3. 你能识别出别人身上连他们自己都没看到的潜力吗？

4. 当感觉别人没有发挥他们最好的一面时，你是否擅长激励他们？

5. 你总是努力使员工发挥出他们的最大效能吗？

6. 你觉得和比你能干的人一起工作容易吗？

7. 你总是努力让别人因为他们的想法和贡献而感觉受到重视吗？

8. 你准备好给别人强硬的但有建设性的反馈吗？

9. 你喜欢帮助别人获得成功吗？

10. 你有帮助别人改变的耐心和毅力吗？

11. 你喜欢影响别人的行动吗？

12. 有人烦恼时，你会努力去了解原因吗？

13. 你喜欢做目标远大的工作吗？

14. 帮助别人会带给你活力吗？

15. 你给员工分配任务时，总是考虑他们的技能和兴趣吗？

如今的领导者比过去任何时候都需要赢得别人的合作。做到这一点的方法就是激励和鼓舞。你对这些问题回答"**是**"越多，你就更可能拥有这种能力。但是，如果你在这个简单的测试上得了低分，你则需要改善领导能力、思考如何做得最好。你最好找人来帮助你提高让别人发挥他们最大效能所需要的能力。

第 5 章

四兄弟，如何
建立有效的团队

单枪匹马，成效微弱；同心协力，成果丰厚。

——海伦·凯勒

天赋可以赢得比赛，但团队合作与智慧才能赢得

冠军。

——迈克尔·乔丹

两块燧石才能生火。

——路易莎·梅·奥尔科特

很久以前，有个贫穷的农夫和他的妻子。他们依靠一块地，尽最大的努力艰难度日。土地上长满了荆棘，布满了岩石和非常细碎的土壤。天气也难以预测，有时候一连几个月不下雨，有时候一次不停地下几个礼拜的雨。农夫和他的妻子非常努力地工作，但他们还是常常饿着肚子睡觉，这样他们的孩子才有足够的食物吃。

农夫和他的妻子有四个儿子。他们都生得聪明、英俊、健康，然而也各不相同。大儿子安静又好学。他观察劳动着的鸟、动物和昆虫，了解花、树和庄稼如何生长。他常常指出兄弟们没有注意到的其他事物。二儿子的手很灵巧。他会做工具和家具，还会修理所有坏了的东西。三儿子开朗又健壮。他经常看出他和兄弟们要怎样劳动，才有助于使农场有更高的产量。最小的儿子眼光锐利、思维敏捷。他是个好猎手，经常把打到的动物带回家，补充家里贫乏的伙食。

四兄弟到了足以自力更生的年龄，父亲对他们说："我的儿子，你们离开我们的时候到了。你们知道，农场的生活很艰苦。土壤从没这么稀薄和贫瘠过，产量一年年减少，奶牛也不产奶了。我和你们的母亲没法再养活你们了。你们每一个都去找份活干，这样你们就能在这个世界上立足。"

听了父亲的话，四兄弟都很难过，但是他们知道他说的没错。因此，他们带上自己仅有的几件东西，告别父母，开始了他们走向广阔世界的旅程。

一开始，四兄弟一起旅行，他们翻过高山，穿过山谷，来到了一片森林的岔路口，森林又密又暗，连阳光也几乎没法穿透树叶和树枝照射进来。兄弟们停下来，凝视着通往不同方向的四条不同的小路，直到最年长的说："这个征兆说明我们必须分开，遵循命运为我们做的任何决定。不过，让我们四年之后再回到这里，看看我们都成了怎样的人。"

兄弟们互相拥抱，随后各自踏上自己的道路。老大在他的路上走了不久，就遇到一个陌生人，他叫住老大，问他是谁、要去哪里。老大回答说："我是四兄弟中最大的，我正在寻找这个世界上我最擅长的事。"他说完，陌生人回答道："跟我来，我会让你成为一个玻璃工人。你将会制造透镜，它会帮助你看到地上最小的东西和天上最远的物体。没有东西能逃过你的眼睛。"听陌生人这么说，大儿子认识到做玻璃工人很适合自己，决定跟他走。

二儿子走的路通向一座村庄，在那里他遇到了一个陌生人，他叫住老二，问他是谁、要去哪里。二儿子回答："我是四兄弟中的老二，我正在寻找这个世界上我最擅长的事。"他说完，陌生人回答道："跟我来，我会让你成为一个铁匠。那是个辛苦的工作，但是如果你成了我的学徒，我会教你如何锻造金属，做出任何人想要的任何东西。我会教你如何做出美丽精致、让人叹为观止的作品。"听陌生人这么说，二儿子认识到做铁匠很适合自己，决定跟他走。

轮到三儿子了。他也遇到一个陌生人——一个黝黑而快乐的人挡住了他的去路。"你是谁，要去哪里？"陌生人笑着问。和其他兄弟一样，老三回答："我是四兄弟中的老三，我正在寻找这个世界上我最擅长的事。"陌生人说："做个扫烟囱的人吧，像我一样！我可不是个普通的扫烟囱人。和我一起，你将攀上比任何人都高的高度。你将会爬行、扭动、跳跃，看到的人会很吃惊，也会要求学做这些。"听陌生人这么说，三儿子认识到做扫烟囱的人很适合自己，决定跟他走。

老四走的路把他带到森林深处，直到他来到一块沐浴着阳光的空地，有个陌生人站在那儿。陌生人问了同样的问题，他回答："我是四兄弟中最小的，我正在寻找这个世界上我最擅长的事。""跟我来，"陌生人说，"我会教你成为一个猎人。你将会学到别的猎人从没见过的神奇技能。你将会见到别的猎人从没见过的鸟和野兽。"听陌生人这么说，小儿子认识到做猎人很适合自己，决定跟他走。

四兄弟每个人都做了四年学徒，他们做得如此之好，以至他们的技术超过了师父的。到了老大要离开的时候，他的师父说："我没什么可教你的了，不过我可以给你一个能记起我的东西，你在世上谋生的时候，它也能帮到你。有了这个魔法透镜，不论你走到哪里，没有东西能逃过你的眼睛。"他给了老大一副用他见过的最好的透镜做的双筒望远镜。

老二成了一名出色的铁匠。金属以外，他还能做和修理世上的任何东西。他打算走的时候，师父对他说："你是我收过的最好的学徒。我要给你一个能记起我的东西，你在世上谋生的时候，它也能帮到你。有了这把魔法铁锤，每当你把手放在上面，你就能创造奇迹。"他给了老二一把和空气一样轻，但和岩石一样坚固的铁锤。

至于老三，四年后已经没有他攀不上的高度了，他像野山羊一样敏捷，像老鹰一样无畏。"现在，你爬得比我还高、比我还快！"他的师父说，"你可以走了，我的孩子。我要给你一个能记起我的东西，你在世上谋生的时候，它也能帮到你。"他从脚上脱下自己的靴子，说："拿着这双魔靴。你穿上它们，你就能爬上任何你想去的地方。你永远不会掉下去，没有人能让你停下来或抓住你。"

四年后，最小的弟弟成了一名很有本事的猎人。到了离开的时候，他的师父递给他一把华丽的枪，说："有了这把魔枪，没有动物能逃过你的眼睛，你也不用惧怕任何野兽。无论你瞄准哪里，这把枪都会找到它的目标。你有了这把枪，无论去做什么，都会做成功。"

碰巧的是，四兄弟同时来到了他们相约再见的路口。他们互相拥抱，出发回家。父母亲很高兴见到他们都安然无恙，要听听他们过去四年里的冒险故事。四兄弟就把他们遇到陌生人、他们奇特的学徒生涯和师父在分别时送给他们魔法礼物的事告诉了父母。

"这是真的吗？"父亲说。"让我们看看你们能做些什么。"他转向大儿子，"那边的山上有一只秃鹰坐在岩架上。

你能看到吗?"老大拿出魔法望远镜,一下子就找到了那只鸟的位置。他的父亲开始兴奋起来。"鸟坐在蛋上吗?"他问。大儿子又一次举起望远镜,说:"它是坐在蛋上。"父亲的眼睛里泛起了光。"一直以来我都听说那些蛋有魔力。据说如果把那些蛋埋进土里,土地会永远肥沃。我知道很多农夫试图拿到那些蛋,却没一个成功的。如果有人靠近悬崖,秃鹰就会啄去他的眼睛。"

"这事儿交给我。"最小的弟弟说,他拿出魔枪,瞄准鸟开枪。秃鹰立刻从悬崖上滚落下来。父亲高兴得跳起舞来。"但是我们怎么把蛋拿回来呢?"他叫道,"还没有人能爬上那个悬崖。"他还没说完,老二就拿出魔铁锤,开始干活。不出几秒钟,他就用周围零零碎碎的东西做出了一架灵巧的梯子。父亲高兴地拍手。"但是谁敢爬上这座梯子?"他说,"即使梯子支撑得住,也不可能到达鸟巢。""胡说!"老三大笑着,他拿出魔靴,蹦跳着爬上梯子,爬过悬崖壁,来到秃鹰筑巢的岩架上,一路吹着口哨。他把蛋放进口袋里,纵身跃回地面,把完好的蛋交给父亲。兄弟们欢呼起来,三儿子咧开嘴笑着鞠躬,父亲喜极而泣。

"儿子们,"他说,"你们没有浪费时间,每一个都做到了最好。你们都学会了做伟大的事，现在还显示出你们齐心协力能够做更伟大的事。得到鸟蛋的事我不知道我最该夸赞谁，所以我要给你们所有人同样的感谢和祝福。希望你们继续用学到的本领为大家造福。"农夫把秃鹰的蛋埋在他地里贫瘠而稀薄的土壤里。从那天起，他种的每样东西都长得那么好，所以他还能够把它们分给邻居，也就没有人再挨饿了。

兄弟们回来后不久，王国里出现了巨大的不安。一头野猪使国家陷入恐怖之中，它毁坏庄稼、咬死试图保护土地的农夫。所有路遇野猪的人都被它硕大的弯曲獠牙撕裂了。没有矛和子弹能够穿透这头巨兽的皮。更糟的是，野猪似乎有超能力。极少数成功靠近它却没有受伤的猎人说，它从他们眼前消失——当然，在他们举起枪或矛之前就消失了。人们开始传言，这头野猪是一个邪恶的巫师，他化成了野猪外形来恐吓人，也可能是一个永远也杀不死的妖怪。国王急切地渴望一名能够帮助王国摆脱这头野兽的战士，谁能杀死它，国王就把唯一的女儿嫁给他。

不久，四兄弟听说了国王的重赏。"如果把我们精湛的技能一起用上，"老三说，"我们肯定能找到并杀死这头野兽。"然后他们又一次出发了。走了几天后,他们来到森林边缘,据说野猪就躲藏在这里。然而哪里都看不到野猪。如今,经历了四年漫长的学徒生涯,四兄弟都学会了有耐心。但是,几个小时过去了,几天过去了,野猪依然没有出现,他们开始感到气馁了。老三再次鼓励大家。"别垂头丧气的,"他说,"我相信我们齐心协力,会做成我们要做的事。我们会找到并杀死野猪,得到国王的奖励。"

受了他的话的鼓舞,老大把魔法望远镜举到眼前,说:"我再试一次,看看能不能找到那头野兽。"他正说着,就看到东西在移动。他对弟弟们大喊:"它在那里!我看到它进森林的地方了!"他起身把弟弟们带往正确的方向。

夜幕降临,四兄弟在靠近看见野猪的地方搭起帐篷,等着天亮。他们等的时候,老二说:"还没有子弹能够打死这头野兽。我要用我的铁锤做一些肯定能穿透它的皮的魔法子弹。"他开始做起来。天亮了,老三说:"我爬到最高的树顶上去看看野猪的洞穴在哪里。"他迅速爬上树顶,很快看不见了。才过了几秒钟他就回来了,说:"我看到野猪离这儿不远,不过它躺在这么厚的灌木下,没法靠近。""别担心,"最小的弟弟说,"只要我带着这把枪,我们就不会找不到它。我还没遇到过能逃脱我的动物。"说着，他拿起老二做的魔法子弹，顺着哥哥们找到的踪迹出发了。

最小的弟弟走得如此轻，连树上栖息的鸟儿都没注意到他经过。最后，他来到一个阴暗的山洞前，它通向一个水坑和残暴野兽的洞穴。最小的弟弟非常靠近洞穴，甚至能闻到野猪的气味，听到它沉重的呼吸。他慢慢地越爬越近，差不多一直爬到野兽的身边。野猪看到老四，下巴流着白沫，磨着獠牙，向他扑过来，要像杀其他人一样杀死他。老四用肩膀架起抢，扣动扳机，射穿了野猪的心脏。野猪大吼一声，扑倒在地上，一时间森林里的一切似乎都颤抖了。现在，野兽不复存在了。

老二截下野猪的大獠牙，向国王证明它确实死了。当四兄弟带着他们的战利品回来时，王宫里一片欢腾。

可是，国王却为难了。"亲爱的年轻人，"他说，"我答应过把女儿嫁给杀死野猪的人。你们中谁最应该得到她？"

四兄弟忧虑地互相注视。一时间，他们都没有说话。终于，老大说："没有我的魔法望远镜，我们永远也找不到野兽。"老三说："如果我不爬上最高的树，我们永远都找不到它的洞穴。而且如果没有我的鼓励，你们也许已经放弃这件事了。"老二说："只有我的魔法子弹能穿透野兽的皮。"老四说："我追踪野兽到它的洞穴，射穿了它的心脏。我才是杀死野猪的人。"

国王仔细地听完他们的话，沉思了一会儿。然后他转向老四，说："你追踪并杀死了野猪，但如果没有哥哥们的魔法子弹、魔法望远镜、力量和鼓励，你是无法做到这些的。你们没有一个人能独自杀死野兽。只有齐心协力，你们才完成了这个伟大的壮举。所以，你们都有同样的资格娶我的女儿。可是，她不可能同时嫁给你们四个，因此，你们都不能得到她。作为替代，我将给你们每个人一个公爵的爵位和广阔而富饶的土地。"

四兄弟明白了国王这番话的含义。他们去了自己的领地，在那里继续用他们超凡的技能帮助每一个请他们帮忙的人，各自娶了可爱且般配的妻子，过着幸福的生活。

领导力是团队运动

第四个童话阐明了团队的基本定义：一些有互补的技能和能力的人聚在一起进行合作。为什么团队和群体大不相同？简单地说，团队具有高度的相互依赖性，团队成员朝着达到任务的共同目标或完成该项任务前进, 他们彼此依靠, 共担责任。团队在共同的目标和方法上达成一致, 而不是指望领导者来定义。团队劳动的成果会影响整个团队, 不仅仅影响个体的团队成员。从组织的角度来看, 团队成员得到授权共同为特定的绩效成果承担责任, 并在有限的时期内一起工作。

最有效的团队人数是 4 到 12 人。更大的团队需要更多架构和支持, 而更小的团队在一些成员缺席的时候难以进行积极的讨论。这个童话里的团队只有四名成员, 他们拥有差别很大但互补的技能。概括起来, 就是一个思考者、一个设计者、一个激励者、一个行动者, 当他们为除掉王国里四处破坏的野兽的任务一起工作时, 每个人都同样有价值。

一般而言, 真正用心的团队能完成的工作远多于许多个体独自做的。通过职责分工, 不同的工作能够平行进行, 因此也会更快地达到最终目标。俗话说, 我们也许能唱首曲子, 但没法独自吹出整首交响乐。高绩效的组织是分工、集合、互补的领导力的产物。这个童话说明了不论个人有怎样的才能, 没有人拥有做所有事所需的技能。团队工作减轻了加在任何个人身上的负担。

一个人往往只从一个角度看问题，而团队则会多角度思考。团队工作往往是个将每个个体成员的强项最大化，同时弥补他们的弱项的机会，这使整个团队能够取得最高质量的成果。领导者最关键的任务之一就是发现团队个体之间的互补之处，从而创建有效的执行团队。

在这里，我也要提出一个警告。虽然运作良好的团队是职场里必不可少的，但是在有些场合，组成团队去做某件事也许不是最好的选择。有些工作或项目指派给个人完成也许会有效得多。有的时候，团队会耗费过多的时间和资源，来回折腾，陷入紧张和对抗的危险状态。功能失调的团队合作可能代价高昂。但是，如果事情相互依赖、任务非常复杂时——就像这个童话里四兄弟面对的两个任务——团队就能发挥曾被认为是传统的、由单人执行的职能。

互补性

一群精心挑选出来的人可以以这样的方式组合在一起：组成一个产出大大高于个人产出总和的高效团队。要建成这样的团队，第一步是辨认团队里每个成员的个性和领导风格。然后将他们的强项和能力与具体的任务和挑战相匹配。在这个童话里，我们能清楚地看到四兄弟如何组成这样一个互补的团队。每个兄弟都为要做的任务带来了一项特殊的技能。他们互相补充，完成任务。四兄弟是这个日本谚语的具体体现——"我们大家团结起来的智慧，胜过我们中单个人的智慧。"兄弟们相信，如果一个人成功了，他们都会成功；前提是他们互惠互利，彼此信任。在有意识和无意识的层面上，他们的行为都是同步的。他们发现，只要用心去做，他们的团队就能创造奇迹。

团队的吸引力

这个童话的寓意是：创建一个成功的团队意味着把不同个性的个体（具有不同的观念、需求、态度、动机、背景、专长和期望）集合在一起，将他们转化为一个整合的、有效的、整体的工作单位。有时，这也许是个大挑战。有些个性类型就是没法共存。成功的团队需要互补，而不是不相容。把彼此容易发生冲突和摩擦的人组成团队是毫无意义的。

应对这个挑战的方法是忽略个体的差异，而集中在他们的共同性上，这也就是使团队工作如此有吸引力的可变因素。团队特别能满足我们对归属感的需要。换言之，建立团队的初衷也许是为了实现一项特别的任务，与此同时，它也可能满足个体层面上的其他需求。许多人喜欢在团队中工作，因为他们想要社交互动感、和团体的从属关系、对取得成就或更大的目标的自豪感。大多数人都强烈期盼着加入一个让他们感觉被赏识和理解的团队。归属感——在社会环境中占有一席之地——对于自尊和自信的发展极为重要。相反，被社会抛弃的人最终可能会感到空虚和沮丧。

社会关联（和对失去它的恐惧）对我们的生命的质量（在某些情况下甚至是生命的长度）至关重要。将人的这一特性运用于团队，当个人处于一个花时间为所有的成员建立社群意识和归属感的团队中，他们就不容易感到焦虑。实际上，对于个体成员来说，内在的回报也许比财政的或其他更具体的补偿更重要。因此，关注个人的需要很可能有助于激励团队成员，推进他们的业绩。

利他主义——想要创造差异的欲望——也吸引人们进行团队合作。人类社会关系的很多方面存在于复杂的家族和互利主义的网络中。在有着有意义的目标的团队里工作——意义也正是在团队中产生的——可能使人感到他们自身做出成绩的能力被合作的力量放大了。四兄弟不只是手足关系，他们还一起投身于更伟大的事业。

要评估一个团队是否乐意去解决难题，问几个关键问题或许有帮助。团队成员是否有共同的使命感？他们是否同时朝同一个方向努力？他们的技术和能力是否有互补性？团队的每个成员都在追求同样的东西吗？团队的目标和目的是否经过公开的讨论和一致通过？团队是否团结一致经历起伏，平等地分担过失和分享回报？大部分时间他们都工作得愉快吗？确保这些问题都有满意的回答，将有助于为创建有效的团队打下基础。

跟从领导者？

到目前为止，一切都好。不过在童话之外，你不会放任你的团队散漫地工作在如同深邃又黑暗的森林一般的组织里，而不加以任何监督。团队动力中产生的人际关系需要用策略性的方式管理，而不是用机会主义的方式。这说起来容易做起来难。当和对自身价值有现实感受的高技术人才一起工作时，很多事情可能出错。常常浮到表面上的问题有：团队由哪个成员负责？谁来划定边界？谁将是主要的行动推进者？决策的步骤将是怎样的？

让最强有力的人来推进有关资源的决策往往是个危险的策略，因为这会让团队的其他成员深感不公和无助。当组织经历继任过程中的阵痛时，团队动力可能变得更加失常。在这种情况下，一种"我赢你输"的零和游戏的心态可能会支配团队的动力，这时团队里的每个成员都努力让自己参与顶层的工作。当"银背大猩猩行为"出现时，发挥出有效的团队的职能是很难的。

鉴于上述原因，每个成员融入团队之时，就是团队建设的关键时刻。应该很清楚地知道新成员有什么技能，以及期待他做出什么贡献。新人会迅速了解他们和团队的契合程度以及他们能够起到的互补作用，尽管这是本能。在某种程度上，加入团队时，他们个人的希望和愿望也会开始起作用。整合的过程经常会比预期的难。领导者必须密切关注团队里的这些动力。也许他们必须求助专业团队培训师的帮助，来让团队以最好的状态运转。团队培训或许是对付潜在的团队动力、创建高性能团队的良方。

在我的整个职业和培训生涯中，我都提倡这种方法。这里，我恰好记录了一个关于培训是如何帮助解决高性能团队的管理问题的实例。

我被引荐来帮助西奥——一个组织里的运营主管。他管理的团队运转得不好。事实上，我第一次评估的时候把它描述为"假团队"。由于不言而喻的个人矛盾，团队成员不团结，团队的氛围非常紧张。我还记得，团队中大多数成员很害怕如果他们担心的事一旦被公开化，那将会是爆炸性的。一些团队成员掌控了团队的讨论，而未参与的成员对他们抱以公开的憎恨，把他们看作西奥的"最爱"。会议混乱无序：团队成员迟到或毫无准备；信息分享很少；别人发言时，其他人互相交谈或低语。团队显然不够投入，它运作得很糟也不足为奇。

然而，最令人不安的是团队完全没有一致性。没有明确的目标和优先级，无法证实成员都为共同的目标而努力；也感觉不到团队的目标对每个成员有意义。对于会议的贡献看似无稽之谈，很少有人（包括西奥）做些什么来让大

141

家步入正轨。每次会议后需要执行的行动步骤不清楚，没有关于"谁在什么时候要做什么"的指导；更糟的是，有些团队成员不愿接受做出的决策，还破坏它们。人们避而不谈任何有关工作绩效的事。团队成员中还蔓延着一种感觉——西奥用主观的、随心所欲的方式给员工报酬。

团队成员从不花时间明确地讨论团队工作进程，这一事实对上述的情况毫无益处。他们从不问自己如何做得更好，也从不考虑团队成员是否真正相得益彰。这个在我脑中高声叫嚷的问题也是不可讨论的：整个团队是否具有完成要做的工作必需的技能。西奥很少关注或不关注团队里人员的评估，所以组织里的其他人开始怀疑他是否有能力有效地运行这个团队。

数次的任务超期影响了组织的其他部分。西奥被总裁教训了一通。他尽力寻找借口，但是责怪他人也无济于事。他的工作岌岌可危。西奥意识到他需要帮助，以成为一名良好的团队领导者，也要学习如何建立有效的团队。我的任务是要推进必须开展的讨论。

西奥决定在我的帮助下组织一次团队建设会议。在会议的开头，我让每个团队成员用几分钟时间，为团队目前的运行情况和他们希望它将来如何运行打分（打分是匿名的，分值范围为 1~10 分）。看到打分结果时，两者的差距令我们震惊。下一个问每个人的问题是，他们能够做些什么，来缩小团队现在的状态和他们期望的状态之间的差距。

在随后的讨论里，成员们提出了很多缩小差异的建议。这些讨论给每个成员机会，以更好地理解团队其他成员的想法，也给他们机会给予彼此更多的支持、相互提供应对挑战的方法。这些讨论还促进他们更尊重彼此的差异，了解了怎样优势互补，利用彼此的强项进行工作。

开头的这一环节有两个即刻效果。第一个效果是团队的氛围变得更加轻松，在之后的会议上，他们都更加投入、坦率和自在。第二个效果是团队中有两名成员确定自己不太适合这个团队，离开了公司。事后想来，留下的团队成员意识到那两个人一直都是严重的压力诱导者，他们的离开给了团队更轻松的氛围。两位新人被带入团队，与其他成员的技能互为补充。

这个复活的团队成为一个真正的团队。如今西奥对于他作为团队领导者的角色有了更好的认识，在他的指导下，团队变得更有成效。成员们对需要做的事态度一致，每个

143

团队成员的角色都有了清晰的定义。问责制也建立起来。时间表和完成工作的目标日期也落实到位。开放式的讨论继续促进团队投入地工作，不同的意见不再被压制、否决或消除。冲突被看作自然的，甚至有帮助的。团队成员更加注意他们自己的工作方式。此外，他们会定期停下来，检查整个团队的运行情况，并把这当作一个习惯。

团队更黑暗的一面

在这样的团队里发现失常的动力是很平常的：声明的目标不是真正的目标，或目标模糊不清，或优先顺序很快改变。西奥的业绩不佳的团队表现出一些典型的症状：在功能失常的团队中，角色冲突和角色模糊；明显的和隐蔽的未解决的冲突；不守时；无故缺勤；没有能力了结工作；僵化、墨守成规的会议；不均衡的参与度；视野狭隘；对组织整体利益的冷漠；缺少资源、技术、知识和责任；没有真正的共同掌权、合作或协调。很不幸，这会败坏团队的名声。

功能高度失常的团队的影响会蔓延；它们的坏影响难

以察觉，会在组织里形成"中毒"的环境。团队成员中的竞争情绪可能导致破坏彼此的工作、不正当的评论，以及隐瞒信息和资源，促使团队正常功能崩溃以及形成"中毒"的组织。这些行为可能极为细小，以至于连参与者都可能没有意识到正在发生什么。

许多功能失常的团队诉诸推卸责任、找人受过，是组织的生产力和创新过程的阻碍。在这些团队中，成员逃避应对冲突，会议讨论往往充斥着泛泛而谈和陈词滥调。不出所料，很多这样的团队会变得非常呆滞、决策缓慢，即使所有的资源都能供他们使用，团队依然表现不佳、苦苦挣扎。可以预见，他们的决策成果将不是最好的。

虽然大多数团队里会有以和谐和合作为目标的强大力量，两极分化和退化的力量也会一直存在，朝着"分裂"退化的倾向也一直存在。作为人类，我们倾向于退化，也倾向于把人分开或"划分"成不同的类别，在他们身上，我们给自己认为可接受的"好"的方面和痛苦的、不可接受的"坏"的方面贴上标签。结果（也因为这是个互动的过程），我们也许时而将个人、团队和组织过于理想化，时而贬低它们的价值。集体思维可能会卷土重来，导致不良的、不切实际的，甚至不道德的决策。

个性冲突非常棘手，而组织架构设计上的错误可能带来额外的不幸。如果把好人放到坏体制里，我们不会为他们糟糕的结果感到惊讶。如果团队的创建是简单地示意需要采取某种行动，而不给团队成员要做什么的清晰指令（和这个童话里分配给兄弟的任务形成对比），形式将会优先于实质，空谈也会优先于实际工作。

高管也可能纯粹出于政治原因把人员归入团队——建立名义上的团队，这时高管扮演的角色的功能也是极为失调的。这种团队忙于应付社交礼仪，只在彼此都在场的时候发挥作用，直至终了。这种行为阻止了团队成员更深入了解彼此。当认识到他们的活动是无用的，他们可能会厌恶和团队一起度过的时光。他们也许会觉得自己有更好的事要做——事实确实如此。因此他们就走过场，觉得自己离组织的总体使命越来越远。实际上，团队功能紊乱的方式是无穷无尽的。

我们所有人都曾是团队的成员；我们所有人都曾有机会观察到团队能够挑起激烈的、常常相冲突的反应。而且，我们中很多人从个人经验中知道，做团队的一分子若不是非常有吸引力，就是非常令人排斥；不是令人极为满足，就是令人深感失望，这些感觉都取决于团队的运行情况。我们中很多人通过亲身体验得知，团队里产生的和分配的大量能量都围绕着挫折、不安和矛盾的情绪打转。所以，考虑到团队合作的情感维度的重要性，已准备好做一个优秀的团队合作者的人必须不仅把精力集中在需要做的工作上，还要关注使之成为可能的过程。在这一点上，团队培训会有很大的帮助作用。

团队培训

权力动力是团队运作不可或缺的部分。团队中的很多个人在他们自己的领域都是典型的明星。他们也许因为个人贡献得到过奖赏。然而，他们很少有因为对他人的成功的贡献得到过任何实质的奖励。他们中有些人也许对自己的能力过度自信，对如何与其他人相处和面对共同的挑战则有着难以管理的焦虑。但是，当竞争情绪占上风时，人会把损人利己的态度带入团队，这时个人目的主宰一切，而组织利益屈居第二。团队工作所需的合作关系和一心为己的人的暗自竞争会变得紧张。就像我先前指出的，当这样的动力被用于总裁继任的竞争时，赌注将会尤其高昂。

在每个成员都必须参与管理的团队设定中，最大的难题常常是同时扮演不同角色的能力。这些角色中的一部分有内置的冲突。比如，每个职能的主管都被期望将那个职能的效力最大化。同时，组织的策略又要求资源（金钱、时间、注意力、晋升等等）以集团整体利益最大化的方式分配。为了整个组织的利益，要做一名建设性的组织参与者，需要一些职能或部门来控制他们的私利。但是，随后出现的竖井心理和权力争斗也不易防止。

考虑到这些权力动力的存在，领导者们都和完成任务的难题斗争着。他们知道创建一个高效能的组织需要获得从顶层到底层的每个人的支持，来有效地执行决策，但是他们不知道如何真正着手去做这些。他们不知道如何为战略执行组建类似矩阵的队列。特别是在高度复杂的组织结构的情况下，他们反而发现自己处在执行停滞不前的局面里。

如果没有团队文化的存在，高管们也许会用他们自己的方式行事，经常造成不协调的，甚至相冲突的决策和行动。领导力的一个主要挑战就是停止这种不正常的行为。团队培训通过确保组织里的每个人都能看见业务方向并把它内在化，知道他们的工作如何融入到大环境里。通过团队培训创建的清晰的路线图将会为公司执行方面的成功带来积极的影响。

执行

我们参与团队培训时，认识到这一点很重要：只有团队中的每个成员都相信这样的沟通不会损害他们的目标或未来的展望，他们才会全方位地投入到培训中。团队培训师的指令将是把组成团队的不同派系放在一起，以便驾驭团队的集体智慧。他们的挑战是将现有的团队动力变得更好，关注组成团队的个人的个性。为了形成这一过程，有效的团队培训师能够帮助团队成员控制他们团队的主要功能：设定方向、建立和整个组织的同步性、让需要达到某些组织目标的每个人都树立承诺意识。

除了关注和处理被忽视的行为，团队培训还提供其他实体利益。最显著的一个就是规模经济，把几个人聚在一起，使时间和资源的价值最大化。这是比一对一培训更有效率的做事方法。除此之外，通过共享真实的经历，团队培训有助于获得不同业务领域的知识。这将有利于加深对共享状况的认识，有助于防止竖井心理的发展。团队中的不同成员吸纳共享的实践和经验教训，也能引起生产率的提高。团队培训帮助团队成员获得社群意识。鉴于该过程的高强度，能量的协同作用、承诺、兴奋感可能因此被建立起来。

团队培训的介入在创造接受培训的机会的同时，也从团队里的其他成员的成功和挑战中获益。通过团队培训，团队里的每个成员都将和其他成员的成功息息相关。虽然团队里的每个成员一般都知道他们要处理什么事，然而讨论会使问题更加清晰，也会创造出实现有效的决策执行所需的动力。

"不可讨论的话题"

领导者团队的成员常常没有用来谈论他们面临的挑战和他们对挑战的感受的讨论会。考虑到团队成员之间的竞争，要建立一种鼓励充分的透明度的风气很难。在高层领导团队中，避免提出这些问题的压力特别重。如果得到帮助团队的培训师的鼓励，这些和其他的"不可讨论的"话题都会变成可讨论的。

某些明显的或隐藏的"不可讨论的话题"起源于整个团队或其中具体的个人。例如，有成员无法胜任工作——他没有能力很好地完成指定的工作。然而，其他团队成员都不想成为揭露这件事的人。在这种情况下，团队培训师能够指出团队成员都陷入了"集体思维"，错误的决策也因此产生。群体压力或许已导致现实检验的退化、风险评估的失败，甚至伦理关怀的丧失。受集体思维影响的团队经常忽视选择，还可能诉诸非理性的行动。当团队成员的背景相似时，团队会变得特别容易受集体思维的影响。

如果组织结构无助于团队成员顺利地行使职责，就可能出现系统性的问题。团队培训师的任务将是辨认出大量的"不可讨论的话题"，承认它们，并将它们公开化。这是告诉团队如何减少冲突、改善工作关系的卓有成效的方法。只有当这些"不可讨论的话题"得以讨论，团队才会把精力集中在真正的工作上并达到目标。

愿意受伤

团队培训师是个复杂的角色。作为所有团队成员的知己，他们必须保持中立。他们还要容纳增强的团队感受，但同时也能给出挑战性的反馈。他们必须给团队的每个成员制定个人行动计划，同时也要把团队作为一个整体，以鼓励它开阔思路，还要时刻记得更宽泛的组织利益。

团队培训师必须帮助团队成员解决的主要问题之一是普通人都不愿意揭露自己的弱点。每个人都害怕被当成傻瓜。对于自我揭露的恐惧可能与童年时期遭到公然嘲笑、羞辱的情景的痛苦记忆有关。自我揭露总是有限制的。组织中的团队和有自身界限的治疗团队大不相同。过多的自我揭露可能给团队成员留下非常矛盾的感觉，产生越来越重的脆弱感。所有这些都说明，团队成员间的信任是非常重要的，由团队领导者树立的榜样也是同等重要的。

如果领导者愿意承认错误和弱点、表达担忧，团队中的每个人都会有所收获。当团队成员更加了解他们的同事时，他们就会开始明白有些事对不同的人的效果会不一样。例如，如果团队成员知道他们的一个同事在建立亲近感方面有障碍，他们就会理解为什么那个人偏爱独立工作，而不是假定他或她只是对与他人共事不感兴趣。

团队，团队，团队

团队动力有自己的生命力，它对参与者的影响很大。领导者不仅要关注团队最主要的工作，还要使特定的团队动力更明显，这样就不会被无意识的表现所干扰。在最好的团队里，成员乐意接受个人风险、准备好解决冲突、愿意进行勇敢的谈话。然而，所有这些都基于潜在的团队文化——信任、互惠以及建设性的冲突决议。当团队成员了解了其他每个人的强项和弱项（正如我们在这个童话里看到的），他们就为高绩效的组织奠定了基础。成功团队的态度和气氛能够激励整个组织，创造更大的满足感，建立学习和合作的文化，有助于高度的创造和创新。在有着有效团队文化的组织里，信息流动得更加自由——到上级、到下级、到同级，流遍整个组织。

"生活是一个整体"是一种团队精神。正像这个童话阐明的，我们不可能擅长所有的事。创建这样一种情境：每项任务都由最合适的人去做，团队齐心协力完成每件工作，每个成员的强项都发挥作用——这在一定程度上就是"把团队置于首位"背后的逻辑。引用阿尔伯特·爱因斯坦的一句话："只有很多人的无私合作，才能创造出真正有价值的东西。"

团队建设测试

以下问题测量你在运行一个团队时的有效性。请用"**是**"或"**否**"回答。

1. 你能清楚地说明团队的目标和价值吗？

2. 你确保你的团队以结果为导向吗？

3. 你确信所有的团队成员都知道他们的角色吗？

4. 你是否努力在团队成员中建立互信？

5. 你帮助团队成员花时间和组织的其他部分建立相互的信任吗？

6. 你在团队成员中建立角色的互补性吗？

7. 你在所有团队成员中建立了相互支持和协助的氛围吗？

8. 你确保所有团队成员都有发言权，能够表达自己的心声吗？

9. 你是否努力用言语和行动在所有团队成员中建立问责机制？

10. 作为团队领导者，你是否重视团队讨论的过程和内容？

11. 你参与建设性的问题解决和冲突决议吗？

12. 你是否为团队建立清晰的成功方法？

13. 你是否创建了一个尊重规则、相互承诺和截止期限的团队？

14. 你鼓励团队成员提出创新的解决方案吗？

15. 你的团队成员相互提供建设性反馈吗？

你回答"**是**"越多，你的得分也就越高。如果你得了高分，说明你是一个花很多时间确保团队良好运行的人。你知道有效的团队能为组织的成功做出巨大的贡献。如果你的得分低，你就需要更努力地和一起共事的人组建一个有效的团队。记住这一点很重要：单纯地把一群人聚集起来并不能建起一个团队。建立有效团队的必要条件是注重人员的个人技能和互补性。

第6章

狮子王，如何
建立有效的团队

有一个关于传奇人物纳斯拉丁的著名的苏非派故事。

很久以前，一个热切的学生来拜访纳斯拉丁，学生说：

"伟大的圣贤，我必须问您一个很重要的问题，我们都想要得到它的答案。获得快乐的秘密是什么？"

纳斯拉丁想了一会儿后回答：

"快乐的秘密是做出正确的选择。"

"噢！"学生说，"但我们如何知道做出的选择是正确的？"

"从经验里知道。"纳斯拉丁回答。

"是的，但我们怎样得到经验？"学生问。

"通过做错误的决定。"纳斯拉丁说。

很久以前，在一个很远很远的地方，有一座人类从未涉足的森林，那里只有动物。虽然动物们和谐地生活在一起，森林里还是一片混乱的景象。水果和蔬菜收成得太早或太晚。岩石和原木堵住了河流，使鱼儿窒息。树木毫无征兆地倒下来，危及鸟和其他动物的生命。许多动物想：是时候选出一个给森林建立秩序、领导动物王国的统治者了。然而，谁最适合这个工作？每个动物都有不同的想法，许多动物认为他们是最好的候选者。争论一直持续着，直到尖叫声、唠叨声、咆哮声、口哨声汇成了刺耳的噪声，充斥在森林里。

最后，一只豪猪抖动刚毛发出咯咯声，直到大家安静下来。豪猪说："我们来举行一场比赛。任何觉得自己能成为一个好的统治者的动物都得做个简短的演说，解释为什么要选他。演说之后，我们进行投票，票数最多的动物将会被加冕为森林的统治者。"

所有的动物都觉得这是个绝好的注意，那些想要被选中的动物开始努力地思考要说些什么来使其他动物信服，他们都想了很久。

比赛的时间到了，熊第一个站出来。"毫无疑问我应该成为国王。我高大，强壮，有巨大的爪子，我会爬树，会在地上挖洞，会游泳。我能做所有这些事，所以我是你们的不二选择。"可是其他动物都互相低语："是的，他会做所有这些事，但他不怎么聪明。"

接着轮到长颈鹿，她说："我是最高的。没有动物有我这么长的脖子和腿。我的舌头比你们谁的都长。我可以够到最高的树上的叶子。显然，我该成为女王。"可是其他动物互相说着："它只有长脖子和长腿——我们需要的可不止这些。"

下一个是大象。他说："我是你们中最大、最重、嗓门最大的。我有漂亮的象牙。我能推倒大树、扯下树枝。我走到哪里，地面都会颤抖。你们应该选我做国王。"这回，其他动物的低语友善了些。"他不仅仅个子大。"他们说，"他还挺有头脑。"

但是，当他们的赞许声响起，狮子大踏步地走上来，动物们都安静下来。"别再理那些胡说八道了，"狮子说，"你们都看过我捕猎。你们都见过我的牙齿、我的爪子，你们都听到过我咆哮。我是森林里最雄壮的动物。我已经是百兽之王了。除了我，你们还会选谁做统治者？"

狮子说完，动物们沉默了很久，然后他们又开始议论起来。有的说："狮子是杀手。他也许会吃了我们，而不是领导我们。"有的说："他非常喜欢自己的声音。他不会听我们任何人说话的。"然而大多数动物说："我可不想在他的牙齿和爪子下身首异处。"出于畏惧，动物们都把票投给了狮子。狮子成了森林之王。

如果有动物曾希望狮子成为一个好的统治者，那么他们错了。森林里什么都没有改变。庄稼歉收，河流堵塞，树倒得比任何时候都快。更糟的是，现在连动物们享有的和谐都消失了。取而代之的是焦虑和恐惧，因为有些动物预言过狮子会成为一个非常残暴和难以预测的统治者，而且有着贪婪的胃口。他一成为国王，就开始杀害和吞食森林里许多比较小的动物。

动物们如此害怕，所以他们没一个敢对国王说话。虽然狮子每天都上朝，但只有他在说话。没有人不赞同他，因为质疑国王是非常危险的。他只关心填饱肚子。每当狮子猛扑向一个不幸的受害者并吃掉他时，他的借口是那只动物犯错误了，而任何错误都是不允许的。过了一段时间，狮子杀死了这么多动物，以至于他都不再说自己饿了。相反，他开始享受杀戮的乐趣。现在，从最小的老鼠到最大的大象，王国里没有一只动物是安全的。

动物们的处境如此恶劣，有一天，胆小的小羚羊终于鼓起勇气，召集所有动物开了个秘密会议。他们聚在一起，她说："我们曾想要一个把森林变得更好的统治者，但我们选了狮子为王真是犯了大错。他恐吓我们、利用我们，还杀死和吃掉了我们几百个朋友。我们必须阻止他，但是要怎么做才好？"

倭黑猩猩大声说："我们人多，而狮子只有一个。我们齐心协力就能把他赶出森林。"

对其他动物来说这太难了，他们都如此害怕狮子，哪敢企图推翻他。不过他们同意让倭黑猩猩去国王那里，请求他仁慈地对待对森林里的其他动物。倭黑猩猩就出发去狮子的洞穴了。

狮子一天比一天肥，一天比一天懒。幸好他刚吃了一只闯入他视线的鸵鸟，所以倭黑猩猩来的时候他没有扑上去。"你要做什么，猩猩？"他咆哮着。

倭黑猩猩回答："陛下，我来这儿是想帮您记住，一位统治明智的国王不需要锋利的牙齿和爪子，也不需要威猛的咆哮。好国王用同情和谦逊来统治。他确保国民快乐和平安。我请求您停止杀戮，怜悯您的国民。"

狮子暴怒地咆哮道："你竟敢这样和国王说话！"他吼着："你很走运，我的肚子饱得让我没法动弹，否则我现在就在这里杀掉并吃了你。"

执行任务失败了，倭黑猩猩回到失望的动物那里，他们又开了一个会。讨论持续到夜里，最后兔子说她有个可能改善他们生活的办法。"国王这么喜欢残杀，这样的话不久我们就不够他吃了，他就会饿死。但是他也变得又肥又懒。我提议我们每天抽签，不管抽到谁，那个不幸的家伙都将成为国王的食物。这样一来，我们大多数就会得救，我们也能控制国王的胃口和他的怒火。"这是个可怕的提议，但是没有一个动物能想出更好的办法，于是他们都同意把它禀报给国王。

那天夜里，森林里所有的动物都聚集在狮子的洞穴前。他们靠近洞穴时，能够听到他正在啃食最新的牺牲者，一头条纹羚——他当时正忙着吃草，没有听到狮子从后面爬过来。兔子小心地朝着狮子跳过去。狮子朝着这顿额外的傍晚点心，期待地舔舔嘴唇。但当他举起大爪子时，兔子说："陛下，请听我说完。我们有个让您生活得更轻松的计划，它将省去您再去捕猎的麻烦。"兔子解释了她构想的保证国王每天都有一餐的可怕计划。

国王一点也不觉得这是个可怕的计划。他很喜欢这个主意。他不用出去猎食，晚餐就会来到他面前，这样他要做的事就更少了。统治王国已经够累了。兔子的计划将会给他带来更多懒散地晒太阳和睡觉的时间。因此，狮子说："我同意你们的提议。但是每天必须保证我的食物在太阳落山前到我这儿来。否则我就把你们全杀了。"

从那以后，森林里的动物每天抽签决定谁将是狮子的晚餐。每天日落时，那只可怜的动物就会走到狮子的洞穴去被吃掉。

虽然森林里的生活变得可以预测了，动物们却离幸福很远。可怕的计划给了他们更多的可控性，但是他们所有人都生活在恐惧中，生怕自己会成为下一个晚餐抽签的获胜者，也知道肯定会轮到他们。每当每日抽签结束、下一个牺牲者产生时，其他动物会痛苦地溜走，剩下的日日夜夜都在恐惧中颤抖。

狮子对这个安排很高兴。他再也不用爬来爬去，捕猎食物了。现在他的晚餐会走来见他。因此，他长得越来越胖，变得越来越懒。与此同时，庄稼依然歉收，河流依然堵塞，森林里的树木都倒在他的周围。

虽然如此，动物们也宁愿顺从他们所选的悲惨方法，而不去思考替代的方法，也就没有企图推翻狮子王的进一步的想法了。直到有一天倭黑猩猩被选中做狮子的下一餐。倭黑猩猩看上去并不像其他一些动物那么难过，她也不像其他动物那样急着过去了结自己。相反，她让自己在森林里忙碌着，故意拖延出发的时间，直到太阳落山才来到狮子的洞穴。那时候，狮子的情绪已经很糟了。

他看到倭黑猩猩就怒吼："你为什么让我等那么久？我可以因此把你们都杀了！"倭黑猩猩回答："陛下，我深表歉意，不过迟到不是我的错。一头狮子追着我，想把我当晚餐吃。我原以为森林里没有别的狮子了，我觉得很吃惊怎么会这样——陛下，我相信他比陛下您更大、更凶猛、咆哮声也更响亮。"

"什么？"狮子咆吼，"另一只狮子敢到我的森林里来？他在哪里？我会把他撕成碎片！"

倭黑猩猩说："我给您带路，您自己看吧。"她出发了，狮子跟在后面。他们慢慢地走出森林，一直来到一口深井前。倭黑猩猩指着井说："这就是那头狮子住的地方，陛下。我相信他就藏在里面。"

狮子爬上去，望向井底深处。他惊讶极了，那里也有一头狮子！眼前的景象令他暴跳如雷，他不停地咆哮、怒吼。狮子王的声音回荡在井中，但是另一只狮子似乎也回以更响的怒吼声。狮子被激怒得忍无可忍，他扑向自己的倒影，深深地落入了井水里，淹死了。

倭黑猩猩回来了，别的动物看到她还活着，都很害怕。国王不是发过誓，如果吃不到晚餐就把他们全杀了吗？但当倭黑猩猩告诉他们她如何设下计谋让狮子王淹死了，永远不存在了时，动物们都欢呼雀跃，称赞她的机智。接着，豪猪又抖动刚毛发出咯咯声，直到大家安静下来后，他说："朋友们，我们要一位聪明的、关心我们的、保障我们安全的统治者。出于恐惧，我们做过一次错误的选择。现在请凭借我们亲眼看到的和亲耳听到的，来做一次正确的选择。我提议倭黑猩猩做我们的女王。"所有其他动物都一致同意了。

"谢谢你们，我的朋友，"倭黑猩猩说，"从今天起，我命令森林里不再有杀戮。今晚，让我们庆祝从狮子王暴君那里获得的自由。不过，明天我会上朝，请你们每一位告诉我们，你们觉得做些什么能使我们在森林里生活得更好。我保证会听你们每一个说的话，这样一来，我们的国土就会在最短的时间里结出成熟的水果和蔬菜，我们的河流会清澈明净、自由流淌，我们的树木会长得又高又壮。"

正如倭黑猩猩女王承诺的，没过多久，森林里的生活全变了样。女王倾听所有动物的声音，从个子最小的地鼠到最庞大的犀牛。他们都努力地改善这片国土。森林繁荣了，从此，在森林生长和劳动的一切都过着幸福的生活。

去爱，去工作

写这个故事的时候，我的头脑中有一个特殊的例子。它关于一家名叫希尔-埃拉的健康产品公司。我从一个朋友那里对这家公司有所了解，他是这家公司董事会里的一员。希尔-埃拉面临的领导力危机差点使公司毁于一旦。

有讽刺意味的是，按理说希尔-埃拉致力于生产健康和提高生活质量的产品，但是根据人们八卦工作的网上论坛glassdoor.com 上的信息，它是个非常令人不愉快的工作场所。上面写着的评论读来令人烦扰。希尔-埃拉看似有着非常不愉快的、糟糕的工作环境。glassdoor.com 上的评分范围是从 1 分到 5 分，而它只得了悲惨的 2 分。抱怨的主要内容是关于希尔-埃拉的"达尔文主义"氛围：在这家公司里，只有"吃人"或"被吃"。其他的抱怨包括粗鲁和欠考虑的管理、缺乏教育机会、不考虑员工的工作时间（除了其他方面，员工还被要求在公共假日工作），以及不尊重雇员。

在我的印象中，希尔-埃拉致力于开发偏执狂和其引发的抑郁反应的药物。我已经知道这家公司对竞争对手有着极强的侵略性。一旦发现很轻微的侵权迹象，高级管理层就马不停蹄地开始起诉。我还知道，由于希尔-埃拉有着非常个人化的奖金制度，它凶猛的竞争文化不仅针对外部，还扩展到了组织内部，雇员达到工作指标，就能得到数额很可观的奖金钱，以致他们经常破坏彼此的工作。而且，公司每年把业绩垫底的 10% 的雇员扫地出门，这样做也无助于提高公司整体的士气。相反，反复灌输给公司每个人的话是"股东利益"，这是不惜一切代价都要获取的。这一成见说明了公司对待员工的方式严苛而肤浅。

这家"有毒"的公司的总裁是诺曼·杉特雷。那么他又是个怎样的人？大部分决策都由诺曼一手掌控。他不相信要给员工发言权或考虑其他人的意见。事实上，他倾向于把在公司工作的所有人，不论级别，都当成无助的孩子对待。他对他们的态度高高在上，很明显他不相信他们中的任何人。这种感觉是相互的。他的大多数雇员都用害怕和敬畏的态度看待他。但是——这个巨大的"但是"有助于解释为什么诺曼仍在总裁位子上——他似乎知道如何为公司赚钱。

诺曼的"统治"最后终结于一桩污染丑闻。不仅仅公司内部的氛围"有毒"，希尔-埃拉还在处理废弃产品和其多家工厂的环境污染问题上投机取巧。当丑闻被媒体公之于众，希尔-埃拉的股价暴跌，从而引发了对诺曼的领导力的质疑。接下来是大量的诉讼案和反诉讼案。随着坏消息接踵而至，董事会别无选择，只能逼迫诺曼辞职。随后，公司又引入了一位杰出的商业女性维拉·布鲁姆来收拾残局。

维拉在接受这份工作时就明白：要改变企业的文化需要花时间，因为"偏执狂"很难医治。她知道要改变公司里的人员的心态需要她自己付出很大的努力。不过，与前任对比起来，她明白领导者不仅要影响公司的财务业绩指标，也要影响他们领导下的人员的精神健康。维拉理解价值和文化的重要性。

维拉做的第一件事就是除去她称为"烂苹果"的人——那些创造和延续希尔-埃拉有毒的公司文化的罪魁祸首。她废除了旧的奖金制度，引入了一套公平很多、基于团队的报酬结构，并清楚地表明：不适应公司的新价值观的人在公司里不会有未来。她还在薪资福利包里增加了非财政福利，包括教育机会。决策的制定将会被分散。维拉想要去除自上而下的心态。用她的话说，她要"轻拍员工的头脑"，而不是有一种被动的从属文化。

在短短几年里，glassdoor.com 就给希尔-埃拉打到了4.5分，这对维拉来说是个非常令人满意的结果。这个评分是对组织内大量辛勤工作和主要文化改变的认同。很明显，维拉在设计组织现有的体制、团队和文化种类方面成效斐然，这些都有助于公司里的每一个人成功和蓬勃发展。

正如《狮子王》故事中体现的，很多领导者不知道如何创建一个让每个人都发挥出自己最好的能力的环境。他们反而给别人制造痛苦。在这样的领导下，职场变成了一个充满恐惧的地方，在那里人们都一心自我保护，形成一种以责备为导向的文化。这样的组织不会因为创造力而出名。反之，他们制造压力、滋生病态，被打上低业绩、消极怠工和高员工流动率的标记。有很多关于功能失常的组织如何引起员工抑郁反应、酗酒、滥用药物，和其他应激障碍的可怕的故事。

而且，组织不需要压力重重。相反，组织可以成为心理福利的集合——建立身份和保持自尊的方式。它们可以是精神健康的堡垒。弗洛伊德曾提出，精神健康取决于"爱并工作着"，也就是我们去爱和去工作的能力。我们为我们所属的组织注入相当多的心理意义。我们通过工作做成切实的事，给极不安定的世界带来稳定。组织的含义是让事物排列有序。由此引申开来，组织也许是帮助我们处理日常生活中的紧张和压力的理想环境，而不是含有紧张和压力的地方。

心理契约

《狮子王》的寓意是关于建立一个适合生活和工作的健康之地，故事里聪明的倭黑猩猩做到了。关于领导者在帮助提升员工的健康方面能做的事，故事告诉我们什么？

出于非常基本的原因，健康的人需要健康的环境。像这个有关动物王国的故事所展现的，这种组织氛围是由鼓舞人心的领导力、极佳的工作环境和目标感创造出来的。健康的环境是这么一个地方：在那里，员工相信他们的领导，以他们的工作和公司为傲，有同志情谊。狮子王统治下的森林离这个理想非常遥远。

组织一直以来都是多变的大海上重要的导航点。归属于一个组织是一种应对经济和社会动荡的方式，组织就像动乱时期的固定点。正如经济学家约翰·肯尼思·加尔布雷斯观察到的，"所有伟大的领导者都有一个共同的特征：在掌权的时期，他们都勇于面对人民的主要焦虑的问题"。

然而，高管们越来越多地成为独立的代理，对组织的依附少了，组织认同感和忠诚度的重要性也大大降低。如今，很少有人加入一个组织，期待在里面度过他们余下的职业生涯。对很多人来说，雇主和组织之间的心理契约已经破碎了。

这种情况有很深的负面效应。过去，组织层为它们的人员提供一个"支持环境"。在这个环境中，以领导者为中介，将焦虑封闭起来，而如今，组织似乎不太乐意承担这个功能了。心理契约的丧失使工作的处境变得更有压力，形成了一种对雇员的精神健康不利的趋势。然而，不健康的组织不会繁荣兴旺。组织的生命周期确实已变得越来越短。所以，组织的领导者要做些什么，使他们的公司成为更健康的工作场所？

事实上，组织可以做很多事来创建一个健康的环境，让在里面工作的人得以发展并在激励下保持健康。组织的领导层可以采取一些做法，诸如职工优先认股权、利润分享体制、无裁员政策、无分层结构、信息共享体制、灵活工作时间、休闲着装等；可以举行有助于创造社群意识的活动；还可以提供有当下先进技术的健身中心、休闲设施、现场门诊、现场儿童看护、供应美食的自助餐厅、慷慨的健康保险政策。这些组织通常对家庭友好，这从根本上意味着它们对妇女友好。在这些方面得分高的公司都不遗余力地创造对精神健康有积极影响的组织文化。

所有这些必须建立在牢固的价值和信任的基础上，这一基础定义了组织的基本目的和文化。这些价值和信任需要在每个可能的场合清晰而有力地表达出来。在这个故事里，倭黑猩猩成为统治者后做的第一件事就是宣布新的法规（"不再有杀戮"），也承诺了开放和信任的新文化（"请你们每一位告诉我们，你们觉得做些什么能使我们在森林里生活得更好"）。这个故事还告诉我们，她信守了诺言，森林里的生活对动物们来说确实变好了。重要的是，她给了动物们发言权和自我决定的机会，这些是狮子王统治时期明显缺少的。

虽然这些价值和信任很重要，最好的工作场所还以响应我们的动机需要系统的元价值的形式，提供更深层的基本要素：爱、欢乐、意义。这意味着创建归属感、愉悦感和意义感。

我自创了一个描述这些更开明的组织的词：我把它称为"真实活力"（authentizotic）。这个词来源于两个希腊词：authenteekos 和 zoteekos。authenteekos 表达的意思是组织是真实可信的，zoteekos 的意思是"对生活至关重要"。在这样的组织里，人们感到完整又有生气。狮子王统治下的森林是个非常不"真实活力"的环境，在那里"活着"自然承载着完全不同的意思。

有这么一句古老的谚语：聪明人从自己的经验中学习，而智者从别人的经验中学习。在我们人生中的大部分时间里，我们对自己重要的情感经历思考得不够。在大量未经消化的经历的包围下，我们忙于日常活动，而不去思考它们的意义。我们需要尽可能有创造性地处理这些经历，但是如果我们的老板也是狮子王，这就难以做到了。

正如美国政治家杰拉尔丁·费拉罗说的这句著名的话，"有些领导角色注定由女人胜任"。把事情做好是有效领导力的本质特征。在这个故事里，倭黑猩猩天生的领导才能从她第一次发言就显现出来了，但她的动物同伴太过惧怕狮子王，以至于没有认识到她的智慧和勇气。倭黑猩猩知道当下要做的是结束狮子王的统治，所以她等待恰当的时机来表现自己的领导素质。

《熊国王》的故事告诉我们，一定量的谦逊是对所有领导者的恩惠。同样，倭黑猩猩也认识到下命令就是提供服务，也试图让狮子王理解这个道理。她还知道掌大权者不可滥权。当机会来到时，她清楚地表现出她将成为一名以身作则的领导者。这个童话的寓意是，如果领导者想要拥有一个繁荣的森林，他们就要像倭黑猩猩那样表现得更好，而不是像狮子那样。如果人不能管理自己，他也无法管理别人。

辅导型文化测试

以下问题测量你所工作的组织的辅导型导向程度。请用"**是**"或"**否**"回答。

1. 你的组织里，开放的沟通重要吗？

2. 信任是你的组织的关键特质吗？

3. 你的组织是否有对于持续学习和发展的承诺？

4. 你的组织是否有团队导向的文化？

5. 你组织里的人员庆祝工作做得好吗？

6. 你组织里的人员是否有发言权？

7. 建设性的反馈是持续进行的吗？

8. 你的组织是否给你创造的空间？

9. 你在组织里有归属感吗？

10. 你的工作带给你意义吗？

11. 你从你的工作中得到很多快乐吗？

12. 你同意你的组织的核心价值观和使命吗？

13. 你觉得从工作中获得了好的回报吗？

14. 你的组织能发挥你最好的能力吗？

15. 你对组织的领导力有信心吗？

你回答"**是**"越多，得分就越高。如果你得分高，说明你很幸运地在一个辅导型的、"真实重要"的组织工作。但是，如果你得分低，则说明你所在的公司可能不会具备最好的工作场所的特征。

虽然"真实重要"的组织从外部看来如此令人满意，从内部看又如此舒适，但极有少组织能声称自己有这种组织文化，这是为什么？为什么工作场所这么容易功能失常？为什么如此多的高管团队都不起作用？有些答案也许存在于人的天性中——我们对于彼此的信任是有限的，不会再进一步了——以及我们没有能力审视自己的需要，去理解通过团队比依靠我们自己更容易获得更丰富的精神和物质利益。这一点不容易被接受，更不用说改变了。如果团队合作建立在信任的基础上，我们会工作得更舒服、更富有成效。有辅导型文化的组织像网络上的网页一样，把同一部门的、跨部门的、团队间的、上下层的人员横向地连接起来。

第 7 章

永远幸福

与自我和谐相处的人才能和宇宙和谐共处。

——马可·奥里利乌斯

如果你没有善心,你也得不到善良的回报。

——西藏谚语

我童年时听到的童话故事的意义比生活教我的真
理中的更加深刻。

——弗雷德里希·席勒

内心的探索

神话学家约瑟夫·坎贝尔曾在他的杰出著作《千面英雄》中写道:"童话、神话和灵魂神曲中的快乐结局不应被解读成一种矛盾,而应被解读为对人类普遍悲剧的超越。"这些童话阐述了领导力的五种致命危险,强调了领导者可能脱轨的各种方式。我主张只有面对这些危险,在领导职位上的人才能得到情感和精神上的成长。

这五个童话中,每个故事的中心都是一个个人发展任务:当主人公永远离开他们旧日的生活,进入未知的世界,去面对并最终克服他们面临的各种挑战,他们被期望发展出最高的潜能。所以,对这些童话中的男女主人公来说,这个探索首先是一个发现他们是怎样的人和什么对他们真正重要的内心旅程。通过这个自我审视的过程,他们将发现使他们能够领导他人的内在意识。

我把这些童话呈现给董事会是为了强调:掌握领导力的艺术是伴随着充分了解自我而来的。发展领导力是一个自我发展的过程。正如这五个童话所表现的,如果要战胜自我,领导者就不应回避艰难的个人挑战。只有面对这些挑战，他们才会在情感和精神上得到成长。

这本书里的故事还告诉我们，发展领导能力远不止学习最新的管理理论。一位领导者不仅仅需要足够而正确的工具。要成为一位有效的领导者，我们需要认识自身独一无二的能力和热情。这意味着我们必须学习如何把自己用作周围人的回声板、与周围的环境相协调、理解他人和我们自己。为显现出诚信的领导力，我们需要和我们的内心世界一致。只有当我们知道要做什么和为什么要做，我们才能对自己有好的感觉。这些童话中的角色所追求的理应对我们所有人内心的英雄都有吸引力。我希望这些故事将会激励有意愿的领导者开启他们自己的内心旅程，用各种方式创造不同。

我们也许都记得，当我们还是孩子的时候，我们以为自己注定要去做一些特别的事或成为特别的人。我们想要以某种方式变得独一无二。这些"特别"的感觉从没完全消散。作为成人，我们需要被认可，需要感觉到自己能够做出有意义的贡献。这些童话也许为我们留下了通常不易被读到甚至被忽视的象征性的、潜意识的信息。有些人可能在读了这些故事后，只看到它们作为童话的表面价值。

而另一些人会响应它们的象征意义。

所有这五个故事都借鉴了传统童话的常规，这些常规又依次植根于古代神话。我故意为这些冒险故事载入了象征性的内容，希望被它们的象征意义（有意识或无意识地）感动的读者能发展出更深的自我意识。我的目的是，这些故事不只是娱乐读者、吸引眼球，而应该包含更多的意义。

在本书的开篇章节里，我描述了孩子通过对成长过程的象征性理解，如何学习怎样克服心理冲突，成长到新的发展阶段——正如童话里表达的那样。这是儿童心理学家布鲁诺·贝特尔海姆在他 1976 年首次出版的《魔法的用途：童话的意义和重要性》一书的主要观点之一。贝特尔海姆暗示了童话是存在主义的剧作，孩子们在童话里，潜意识地面对自己走向成人道路上的问题和欲望。童话帮助他们回答基本的存在主义问题，比如"我是谁"、"什么是好的人生"、"我属于哪里"、"我如何做正确的选择"和"我向往什么"。因为童话使用了象征性的语言，它们帮助孩子发现他们身份和向往，发现他们需要做些什么来进一步发展自己的性格，因此，虽然童话没有在字面上呈现外部世界，而年幼的孩子不具有用来控制和理解内心世界的语言和认识，但童话捕获了他们的内心世界。孩子通过童话学会驾驭现实，在充满危险的世界中生存。

鉴于童话早期印刻在人类心灵的印记，我希望我在这本书里呈现的五个故事保持它们对成年读者群的吸引力，也依然能唤起读者的想象。我们在儿童期与之抗争的存在主义的问题留存到了成人期。我们中的大多数人在经历人生的转变或剧变时，会努力定义和重新定义自己。古特尔斐的忠告"认识自我"从古到今都有共鸣。如果不知道我们是谁、我们真正想要什么，我们就无法在人生中做出成功的转变。

作为心理镜子的童话

在这五个故事里，我努力地展现出童话是心理的镜子。起初，它们似乎只反映我们自身的形象，但是，在那个形象背后我们很快发现了自己内心的混乱，以及与自己和世界和平相处的方法。当我们变得成熟并在童话里识别出我们熟悉的存在主义危机和深刻的真理时，我们对童话的理解也变得更为复杂。

　　我希望在任何环境下，包括董事会里，这五个故事里被戏剧化的真理都会和领导者产生共鸣。故事简短的篇幅、主题、处理魔法事件的方式使它们能够被解读、再解读，扩展到所有读者的身上，不论他们是谁。我写这些故事的目的是帮助读者更好地理解他们的环境和个人的困难，并指导他们的行动。

　　这五个童话的核心都是心理治愈的过程，希望它会成为每位领导者灵感的来源。这些故事中作为典范的男女主人公努力并最终以果断的行动获得了成功，他们可以激励新上任的领导者做同样的事。虽然这些童话把我们带入有着会说话的动物和各种怪异物种的虚构王国，而我想读者会发现，我在整个讲述过程中都把故事和现实世界紧密地连接在一起。

　　这些故事提供了关于领导者可以怎样处理他们面临的五大致命危险的见解。在认同故事里的角色的过程中，我们会开始理解自己在善与恶之间的内心挣扎。从存在主义的观点来看，所有这些故事都宣称"永远幸福"是可以实现的。美德得到回报，丑恶和愚蠢受到惩罚，弱小的变成强大的。

哲学、宗教和心理学中最经久不衰的问题是有关生命的意义。用马克·吐温的话来说，"你生命中最重要的两天是你出生的那天和你发现自己为何而生的那天"。在生命中，真正重要的是我们有机会成为我们自己，也有机会成为我们能够成为的人。人类最大的恐惧之一是在生命的尽头，我们也许会发现我们从没真正活过。我们都迫切地想要活得充实，要去做一些重要的事，要创造不同。我们最大的挑战就是弄清怎样做这些事。总而言之，我为高管会议室写这本小童话书是希望它能够为读者提供一些深刻的见解——关于如何创造不同的洞察力，在此过程中如何成为有效的领导者，以及如何避免领导力的五大主要危险。

参考书目

    我在构思这本书的五个故事时，很大程度上受到了乔瓦尼·弗朗西斯科·斯特拉帕罗拉的《斯特拉帕罗拉之夜》的影响。斯特拉帕罗拉是生活在1480—1558年的意大利作家和诗人，他被公认为欧洲的书面童话之父。他的主要文学贡献是 *Le piacevoli notti*，该书有多种英语译名——《快乐之夜》《愉快的夜晚》《欢乐之夜》，或《怡人的夜晚》。这本故事集里的故事由一群男女聚集在威尼斯王宫，连续不断地讲了超过十三个夜晚。斯特拉帕罗拉的故事影响了许多其他作家，包括吉姆巴地斯达·巴西莱、查尔斯·佩罗和格林兄弟。

    影响我的另一部书是《一千零一夜》，主要为发源于中东和印度的民间故事，包括阿拉丁、阿里巴巴、水手辛巴达的故事，这些故事几乎成了西方民俗学的一部分。《一千零一夜》的起源是国王山鲁亚尔发现妻子不忠。他杀了她，并发誓每天娶一个不同的女子，次日早晨就杀掉，以此来防止她们将来的背叛。当山鲁佐德成为他的新娘时，她想出了一个救自己性命的计策——她每天晚上为国王讲一个故事但不讲结尾，承诺留在下一夜讲完。那些故事如此有趣又引人入胜，国王也非常渴望听到结尾，以至不断地推迟山鲁佐德的死期。

给我类似影响的还有吉姆巴地斯达·巴西莱的《五日谈》——这部作品于1634年和1636年以两卷的形式在意大利那不勒斯出版，以及查尔斯·佩罗于1697年对许多深受人们喜爱的故事的经典重述。

不过，对我写这些故事影响最大的还是《格林童话》。其中的故事由雅各布·格林和威廉·格林于18世纪早期收集。正如几代中欧人所知，故事里呈现的生活是变化无常的，还常常很残酷。格林兄弟研究了当地的民间传说，记录下口头讲述的故事。当时，随着新印刷技术的出现，口头讲故事正在迅速消失。兄弟俩的故事收集工作在1812年《儿童和家庭故事》第一卷出版时达到了顶点。当格林兄弟和追在他们后面的众多编辑意识到这些故事有多么使小读者着迷，他们就开始"净化"这些故事。于是，故事渐渐变得更温和、更美好，而且（就像我的五个故事）包含了强烈的道德信息。《格林童话》再版了很多次，收集的故事从 86 个增加到 200 个。最终的《格林童话》呈现的是一部口述的和过去出版过的故事的合集，也是朋友、家庭成员、熟人间分享的信息，在非德语地区也具有影响力。

最后，旅行带我走遍了世界，让我和许多国家的人有了近距离的接触。我尤其受到非洲、美洲印第安、西伯利亚民间故事的影响，故事的主要角色是魔术师和动物。这些故事不仅使听众得到快乐，还传授关于生存的经验教训。

曼弗雷德管理思想经典文库

乘坐领导力的过山车：
日常工作中的领导力心理学

ISBN：978-7-5207-0772-5
定价：68.00 元

领导力童话：
领导力的五个致命危险

ISBN：978-7-5207-0771-8
定价：58.00 元

领导者、傻瓜和骗子：
曼弗雷德谈领导力心理学

ISBN：978-7-5207-0773-2
定价：68.00 元

领导者是天生的吗：
亚历山大大帝领导力案例研究

ISBN：978-7-5207-0807-4
定价：58.00 元

神经质组织：
引领组织变革的成功之道

ISBN：978-7-5060-9398-9
定价：68.00 元

幸福等式：
幸福与成功沉思录

ISBN：978-7-5207-0719-0
定价：58.00 元

正念领导力：
洞悉人心的管理秘诀

ISBN：978-7-5060-8989-0
定价：49.90 元

性、金钱、幸福与死亡
（精装版）

ISBN：978-7-5060-9148-0
定价：55.00 元

性格与领导力反思

ISBN：978-7-5060-8299-0
定价：49.90 元

领导力与职业生涯反思

ISBN：978-7-5060-8300-3
定价：49.90 元

组织的反思

ISBN：978-7-5060-9399-6
定价：58.00 元

恐惧领导力：
在阁楼里发现夏卡·祖鲁

ISBN：978-7-5060-9389-7
定价：68.00 元

刺猬效应：
打造高绩效团队的秘诀（精装版）

ISBN：978-7-5060-9649-2
定价：68.00 元

有毒的管理者：
高管教练的挑战

ISBN：978-7-5207-0774-9
定价：58.00 元

领导力的奇境历险：
日常生活中的领导力心理学

2019 年 10 月出版